時間がない朝、食欲がない朝は

スープ&ドリンクを作りましょう

大泉書店

"飲む朝ごはん"の
すすめ

　朝食をとる習慣のない人、また朝食をとることは大切だとわかっていても、目覚めたばかりの体、忙しい朝の時間に食べるのが難しいという人は少なくないでしょう。エネルギーと栄養のある食材を少しでもよいので、朝にとる習慣を身につけてはいかがでしょうか。

　本書では、忙しい朝でも簡単に作れる栄養たっぷりのスープやドリンクタイプの朝食を提案しています。液状の朝食は食べやすく、野菜や果物などの栄養もたくさん摂取することができます。このレシピを"飲む朝ごはん"と本書では呼び、スープ、ポタージュ、スムージー、ホットヨーグルト、ホットドリンクといった種類に分けて紹介します。これらに共通するのは、"あったかい"ということ。熱々のもの、ほんのりあったかいものなどさまざまですが、どれも胃腸にやさしく、体をあっためてくれるものばかりです。なによりもさまざまな種類を日替わりで楽しめることは、朝食をとる習慣につながり、朝のリズムも生まれます。もちろんこれだけで朝ごはんとして十分というわけではありませんが、いつもは脇役のスープやドリンクをメインにして、日替わりの朝ごはんを楽しんではいかがでしょうか。

もくじ

1日のはじまりにぴったりのごはん ——— 006

本書で使うおもな器具と食器 ——— 008

上手に撹拌するためのミキサーの使い方 ——— 009

時短調理をかなえる食材選びと作り方 ——— 010

Part 1 時短スープ
Fast soup

01	カボチャのコンソメスープ ——— 012	11	中華風ゴマスープ ——— 022
02	ポテトポタージュの青汁仕立て – 013	12	ふんわりニラ玉汁 ——— 023
03	缶詰具材のカレースープ ——— 014	13	中華風ナメコ汁 ——— 024
04	クリーミーなトマトおからスープ - 014	14	中華風とろとろ卵のコーンスープ - 024
05	キャロットポタージュ ——— 016	15	ゴマ油香るワカメスープ ——— 026
06	メカブのさっぱりスープ ——— 017	16	磯の香り漂う中華スープ ——— 027
07	豆乳仕立てのコーンスープ ——— 018	17	ほっこり納豆汁 ——— 028
08	カブの丸ごと豆乳みそ汁 ——— 018	18	コロコロ豆腐のゴマみそスープ – 029
09	トマトジュース&コーン缶のスープ - 020	19	白菜のみそミルクスープ ——— 030
10	カボチャのカレー豆乳スープ ——— 021	20	和風あったかショウガスープ ——— 031

スープ&ドリンクの保存方法と持ち運び ——— 034

Part 2 作り置きスープ&ポタージュ
Soup & Potage

01	かんたんミネストローネ ——— 036	04	チリコンカンスープ ——— 039
02	アサリのクラムチャウダー ——— 037	05	栄養たっぷりコンソメスープ ——— 040
03	根菜たっぷりそぼろスープ ——— 038	06	ゴマの風味が豊かな担々スープ – 041

07	トマトとホタテのライスポタージュ - 042
08	ミルキーライスポタージュ —— 043
09	みそ風味のライスポタージュ 044
10	中華風ライスポタージュ —— 045
11	ブロッコリーのポテトポタージュ 048
12	パプリカ入りパンプキンポタージュ 049
13	和風キノコポタージュ —— 050
14	レンコンのジンジャーポタージュ 051
15	トマトとレッドキドニーのポタージュ - 052
16	レモン風味のアボカドポタージュ - 053
17	枝豆たっぷりポタージュ —— 054

18	サツマイモの豆乳ポタージュ — 054
19	ホウレンソウの濃厚ポタージュ — 056
20	サツマイモとニンジンの和風仕立て - 057
21	根菜のみそポタージュ —— 058
22	エリンギとヒヨコマメのポタージュ - 059
23	根菜のカレーポタージュ —— 060
24	カリフラワーのカレーポタージュ - 060
25	ゴボウとシイタケのポタージュ - 062
26	ニンジンとコーンのポタージュ - 063
27	具だくさんなクリームシチュー —— 064

Part 3 ホットスムージー＆ホットヨーグルト

Smoothie & Yogurt

01	オレンジ＋ニンジン＋ショウガ — 066
02	ルビーグレープフルーツ＋リンゴ — 067
03	バナナ＋ココア＋豆乳 —— 068
04	グレープフルーツ＋セロリ＋ショウガ – 069
05	カボチャ＋ココナッツミルク — 070
06	サツマイモ＋牛乳＋きな粉 — 070
07	トマト＋リンゴ＋ショウガ — 072
08	パイナップル＋セロリ —— 073
09	ミカン＋ミニトマト＋レモン — 074
10	レモン＋ニンジン＋リンゴ —— 075
11	あったか青汁ヨーグルト —— 076
12	フレッシュグリーンヨーグルト – 077
13	セサミオレンジヨーグルト —— 078

14	たっぷりミニトマトヨーグルト — 079
15	甘酒ベースのきな粉ヨーグルト — 082
16	ブルーベリーの甘酒ヨーグルト — 083
17	パインの甘酒ヨーグルト —— 084
18	ルビーグレープフルーツヨーグルト - 085
19	マンゴーのおからヨーグルト — 086
20	イチゴのまろやかヨーグルト — 087
21	さわやかイエローヨーグルト — 088
22	クルミ入りカボチャヨーグルト — 089
23	キウイのアーモンドヨーグルト - 090
24	サツマイモとナッツのヨーグルト - 090
25	さっぱりミカンのヨーグルト — 092
26	セロリ風味のリンゴヨーグルト - 092

Part 4 ホットドリンク

Drink ....

01	スパイシーミルクティー ——— 094
02	ソイシナモンココア ——— 095
03	アーモンドソイチャイ ——— 096
04	ショウガ酢ミルク ——— 097
05	抹茶豆乳ラテ ——— 098
06	キャロット豆乳 ——— 099
07	黒ゴマたっぷり豆乳 ——— 100
08	甘酒の豆乳仕立て ——— 101
09	甘酒ベースの青汁 ——— 104

10	ショウガレモン甘酒 ——— 104
11	体ぽかぽかユズ葛湯 ——— 106
12	リンゴのジンジャー葛湯 ——— 107
13	甘酒ベースの梅葛湯 ——— 108
14	ホットジンジャーキャロット ——— 109
15	柑橘果物のドリンク ——— 110
16	ハニーグレープフルーツ ——— 111
17	ジンジャーオレンジ ——— 112

［巻末企画］ 常温スムージー

Smoothie ....

01	キャベツ＋リンゴ ——— 114
02	小松菜＋バナナ＋豆乳 ——— 115
03	サラダホウレンソウ＋パイナップル – 115
04	チンゲンサイ＋リンゴ＋青ジソ ——— 116
05	オレンジ＋ミニトマト＋赤パプリカ – 117

06	パイナップル＋マンゴー＋黄パプリカ – 118
07	ルビーグレープフルーツ＋ニンジン＋牛乳 ——— 119
08	グレープフルーツ＋パイナップル＋アボカド – 120
09	トマト＋イチゴ＋バナナ ——— 120
10	ゴールドキウイ＋マンゴー＋セロリ – 121

ミニ食材事典 ——— 122

（ 本書について ） ....

・レシピや調理器具についてはP.6〜9を参照してください。

・紹介しているレシピは冷蔵や冷凍で保存できるもの・できないもの、持ち運びに向いているもの・不向きなものがあります。詳細はP.34を参照してください。

・Part1「時短レシピ」の調理時間は目安です。

・紹介しているレシピの栄養素や効能は、調理した過程で変化する場合があります。

・電子機器や容器など、各製品の説明書を確認し、加熱などの調理にてトラブルのないよう、各自の責任で行ってください。

・表示の冷蔵・冷凍の保存期間は目安です。季節や室内の湿度・温度の状況によって保存状態は変わるため、食べる前によく確認してください。

1日のはじまりに
ぴったりのごはん

時間がない、食欲がない、という朝には、
体をあたためてエネルギー補給できる、
"飲む朝ごはん"をどうぞ。

ぴったり 1　食欲がなくても食べやすい

食欲不振の原因のひとつに消化不良があります。スープやスムージーなどの流動食は飲みやすさだけでなく、消化しやすいのが特徴です。

ぴったり 2　胃腸をあたためて体がポカポカ

スープやスムージー自体の温度であたたまるのはもちろん、体をあたためる効果のあるショウガや野菜などを使用したレシピもあります。

ぴったり 3　忙しい朝でも簡単に作れる

スムージーやホットドリンクは、材料をカットして撹拌（かくはん）し、電子レンジであたためるものが中心です。スープも時短調理や作り置きレシピなので、忙しい朝に最適です。

ぴったり 4　さまざまな食材の栄養を摂取

野菜、果物をはじめ、栄養価の高い食材を組み合わせたレシピばかりです。一度に多くを食べられない生食と違って、スープやドリンクは栄養をたくさんとることができます。

選べる5種の飲む朝ごはん

時短スープ

材料をカットして混ぜてあたためるといった、簡単な工程で作れるスープです。また、顆粒だしやパウダーなど市販の食品を使用し、調理の手間を省いています。

作り置きスープ＆ポタージュ

材料を鍋で煮るなど、時短スープよりひと手間かかりますが、保存が可能な食材を使用しています。冷蔵なら2〜3日、冷凍なら2週間が保存期間の目安です。

ホットスムージー

冷やした状態、常温で飲むことの多いスムージーを、電子レンジであたためて飲みます。加熱温度はお好みですが、人肌よりややあたたかいくらいがおすすめです。

ホットヨーグルト

ホットスムージーと同様にあたためて飲みます。お湯を入れてあたためる方法もありますが、味の質を保つため、本書では電子レンジであたためるレシピを紹介します。

ホットドリンク

紅茶やココアなどの定番ドリンクをはじめ、市販のジュースをアレンジしてあたためて飲むレシピです。豆乳や甘酒を使用したもの、葛湯にしたものなど種類は豊富です。

（ 本書のレシピについて ）

- 本書では、計量カップは200㎖、計量スプーンは大さじ15㎖、小さじ5㎖（小さじ1/2タイプと1/4タイプも使うと便利）のものを使用しています。1㎖＝1ccです。
- 材料の分量で固体単位にしているものは、その固体の大きさによって多少の違いがありますので、その際は各自レシピを調整してください。また、分量でg表記しているものは、皮や種などを取り除いた正味の分量です。野菜や果物の作り方に表示がない場合は、適宜皮をむき、種やへたなどを除いて調理してください。
- 本書で使用している電子レンジは600Wです。500Wの電子レンジを使用する場合は、加熱時間の目安を1.2倍にして調整してください。なお、加熱時間は目安になりますので、個人のお好みのあたたかさに調整してください。
- ミキサーはメーカーや種類によって使い方が異なります。各メーカーの説明書に従って使用してください。
- 甘酒はアルコールが含まれないものを選んでください。その他、市販のドリンク類は商品によって甘さが違うので、適宜、調整してください。

本書で使う
おもな器具と食器

調理器具はミキサーと電子レンジをおもに使用。
また、電子レンジ加熱には耐熱カップが欠かせません。

ミキサー

ポタージュ、スムージー、ホットヨーグルトのレシピで、食材を撹拌する際にミキサーを使用します。ハンドミキサーでも代用可能です。

電子レンジ

本書では600Wで加熱するレシピを紹介していますが、500Wの電子レンジの場合は1.2倍を加熱時間の目安にしてください。

耐熱カップ

耐熱カップを使用すれば電子レンジで加熱し、そのまま飲むことができます。ふきこぼれを防ぐため、大きめの耐熱カップを使いましょう。木製、ホーロー、金加工など金属製のものは電子レンジで使用できません。

※耐熱カップであたためてから注ぐのはOKです。

小鍋

スープや葛湯を作る際に使用します。本書では1～2人分の分量なので小鍋で十分です。葛湯では混ぜる工程があるので取手付きが便利です。

スクイーザー

オレンジやレモンなどをしぼる際に使用します。スクイーザーがない場合は、くし形に切って手でしぼってもOKです。なお、薄皮ごと使用する場合はミキサーで撹拌します。

上手に撹拌するための
ミキサーの使い方

なめらかなスムージーを作るポイントは、
食材の入れる順番を、食材の性質で分けること。

食材の入れる順

4. 葉物
小松菜やホウレンソウなどは、他の食材が撹拌が進んでから混ざるように、最後に入れる。

3. かたいもの
ニンジンやリンゴなどかための食材は、水分とやわらかい食材の撹拌が進んでから混ざるようにする。

2. やわらかいもの
トマト、オレンジなど水分が多くやわらかいものは、水分と最初に混ざるようにする。

1. 水分
水や牛乳、ジュース類などは最初に入れる。ヨーグルトは水分が少ないのでしっかり撹拌すること。

食材の下処理

野菜や果物の厚い皮、種、芯、へたを取り除き、2〜3cm角程度にカットしてミキサーに入れます。リンゴの皮、ミカンの薄皮、セロリのすじなどは取り除かずにそのまま撹拌します。

ゴムベラの活用

食材がミキサーにこびりついたり、空回りしたりしたときは、ゴムベラで食材を落としてなじませます。ボタンを押している間だけ動く「フラッシュ機能」付きのミキサーが便利です。

洗いやすい処理

撹拌したあと放っておくと、残った食材がミキサーにこびりついて乾燥し、洗うのが大変になります。すぐに洗えない場合は、撹拌後に水を入れておき、洗う時間も短縮しましょう。

時短調理をかなえる
食材選びと作り方

加工食品や市販の食品を上手に取り入れ、
調理器具を活用することが時短のポイントです。

加工食品

缶詰やパックの加工食品や、冷凍食品、ジュースなどを使えば、下準備の手間が省けます。

顆粒だし

和風　コンソメ　鶏ガラ

だしから作る時間がないときは、和風、鶏ガラ、コンソメなどの顆粒だしが便利です。

乾燥品

ショウガパウダー　おからパウダー　ポテトフレーク

1食で大量に使わない食材は、比較的長期保存できる乾燥品が無駄なく活用できます。

ミキサーで撹拌

食材を撹拌する場合（ポタージュ）と、調味料なども入れて撹拌する場合（スムージーなど）があります。

電子レンジで加熱

カボチャなど生食しない食材を耐熱カップに入れ、ラップをふんわりかけて加熱し、やわらかくします。

すべての食材と調味料を混ぜ合わせた状態で、電子レンジで加熱すれば完成するレシピもあります。

小鍋で煮込む

かたい食材を鍋で煮てやわらかくするレシピがあります。小さいサイズで取手付きが便利です。

お湯かけ仕上げ

具材や顆粒だしを耐熱カップに入れてお湯を注ぐだけでできる、究極の時短スープです。

注意
スムージーやホットヨーグルトは加熱しすぎると、栄養の損失、変色につながりますので、人肌よりややあたたかいくらいがおすすめです。

Part
1

時短スープ

和風、洋風、中華風などさまざまなベースのスープに、栄養価の高い食材が溶け込んだスープ。お湯をかけるだけ、小鍋や電子レンジで加熱するだけでかんたんに作れます。忙しい朝、食欲のない朝に、その日の気分でお好みのあったかいスープを飲みましょう。

Fast soup 01 カボチャのコンソメスープ

免疫力を高める効果のあるβ-カロテンが豊富なカボチャ。
栄養価の高い皮は、食感のアクセントにもなります。

【 材料 】1人分

冷凍カボチャ - 3個
A ┃ 牛乳 ── 3/4 カップ
　┃ コンソメ（顆粒）
　┃ ── 小さじ 2/3
塩 ──── 少々

【 作り方 】約6分

1/ 大きめの耐熱カップに冷凍カボチャを入れてラップをかけ、電子レンジで2分ほど加熱する。

2/ 皮を取り除き、フォークの背などでつぶし、Aを加えて混ぜる。皮はみじん切りにし、加える。

3/ ラップをかけ、電子レンジでさらに1分30秒ほど加熱し、塩で味をととのえる。

❗ 生のカボチャを使う場合は、加熱時間を短めに調整してください。

Fast soup 02 ── Part 1 時短スープ

ポテトポタージュの青汁仕立て

乾燥ポテトフレークで作るマッシュで、なめらかな仕上がり。
青汁の風味と栄養で活力アップの1杯です。

【 材料 】1人分

A 乾燥ポテトフレーク — 20g
　熱湯 —— 1/2カップ
B 牛乳 —— 1/2カップ
　コンソメ(顆粒) —— 小さじ2/3
青汁パウダー — 小さじ1
塩 —— 少々

【 作り方 】 約3分

1/ 大きめの耐熱カップにAを入れ、混ぜる。マッシュ状になったら、Bを加えてゆっくりと混ぜる。

2/ ラップをかけ、電子レンジで1分ほど加熱する。

3/ 青汁パウダーを加えて混ぜ、塩で味をととのえる。

03 缶詰具材の
カレースープ

04 クリーミーなトマトおからスープ

Part 1 時短スープ

Fast soup 03

缶詰具材のカレースープ

トマトとツナの水煮を使用した即席スープ。
ほんのり感じるカレー風味が食欲をそそります。

【 材料 】1人分

- エノキダケ —— 30g
- A
  - トマト水煮（カット）
    —— 100g
  - ツナ水煮 —— 30g
  - 水 —— 1/2 カップ
  - コンソメ（顆粒）
    —— 小さじ 1/2
- カレー粉 —— 小さじ 1/8

【 作り方 】 約4分

1/ エノキダケは1cmの長さに切り、大きめの耐熱カップに入れる。ラップをかけ、電子レンジで30秒ほど加熱する。

2/ Aを加え、混ぜる。ラップをかけ、電子レンジで1分30秒〜2分ほど加熱する。

Fast soup 04

クリーミーなトマトおからスープ

抗酸化作用のあるトマトのリコピンを朝から摂取。
牛乳とおからで口当たりなめらかな仕上がりに。

【 材料 】1人分

- A
  - トマトジュース（無塩）
    —— 1/4 カップ
  - 牛乳 —— 3/4 カップ
  - コンソメ（顆粒）— 小さじ 1/2
  - おからパウダー — 小さじ 2
- 塩・こしょう —— 各少々
- ドライパセリ —— 少々

【 作り方 】 約4分

1/ 大きめの耐熱カップにAを入れ、混ぜる。

2/ ラップをかけ、電子レンジで1分30秒〜2分ほど加熱する。

3/ 塩とこしょうで味をととのえ、お好みでドライパセリをふる。

❗ 無塩でないトマトジュースを使う場合は、塩の量を調整してください。

Fast soup 05 キャロットポタージュ

牛乳はニンジンの独特の風味を和らげます。
ポテトフレーク入りなので飲みごたえ十分。

【材料】1人分

A	乾燥ポテトフレーク —— 20g
	熱湯 —— 1/2カップ
B	キャロットジュース —— 1/4カップ
	牛乳 —— 1/4カップ
	コンソメ（顆粒）—— 小さじ1/2

塩 ———— 少々
粗挽きこしょう — 少々

【作り方】 約3分

1/ 大きめの耐熱カップにAを入れ、混ぜる。マッシュ状になったら、Bを加えてゆっくりと混ぜる。

2/ ラップをかけ、電子レンジで1分ほど加熱する。

3/ 塩で味をととのえ、お好みで粗挽きこしょうをふる。

Part 1 時短スープ

メカブのさっぱりスープ

食物繊維とミネラルが豊富なメカブの食感が特徴。
和風だしにショウガが効いてさっぱりとした味わい。

【 材料 】1人分

エノキダケ ── 30g
A｜メカブ（味付けなし）
　　　── 40g
　水 ── 1カップ
　和風だし（顆粒）
　　　── 小さじ1/3
　薄口しょうゆ
　　　── 小さじ1/4
　ショウガパウダー
　　　── 少々

【 作り方 】 約5分

1/ エノキダケは1cmの長さに切る。
2/ 小鍋にAと1を入れて中火で熱し、3分ほど煮る。

017

07 豆乳仕立てのコーンスープ

08 カブの丸ごと豆乳みそ汁

Part 1 時短スープ

Fast soup
07

豆乳仕立てのコーンスープ

低脂質、低糖質の豆乳がベース。
コーンのやさしい甘さを感じる、飲みやすいスープです。

【 材料 】1人分

A ｜ クリームコーン缶 ——— 100 g
　｜ 無調整豆乳 — 3/4 カップ
　｜ コンソメ（顆粒）——— 小さじ 1/2
塩 ——— 少々
ドライパセリ ——— 少々

【 作り方 】 約 4 分

1/ 大きめの耐熱カップにAを入れ、混ぜる。
2/ ラップをかけ、電子レンジで 1 分 30 秒〜2 分ほど加熱する。
3/ 塩で味をととのえ、お好みでドライパセリをふる。

❗ コーン缶は粒あり、粒なしのどちらでも OK。

Fast soup
08

カブの丸ごと豆乳みそ汁

カブは β‑カロテン豊富な葉も使用して栄養満点に。
クセのない食材なので、みその風味が活きます。

【 材料 】1人分

カブ ——— 1 個
カブの葉 ——— 20 g
A ｜ 水 ——— 3/4 カップ
　｜ 和風だし（顆粒）——— 小さじ 1/3
無調整豆乳 ——— 1/4 カップ
みそ ——— 大さじ 1/2

【 作り方 】 約 8 分

1/ カブは 1 cm 角に切る。カブの葉は 1 cm の長さに切る。
2/ 小鍋にAと1を入れて中火で熱し、3 分ほど煮たら豆乳を加える。沸騰直前で火を止め、みそを溶き混ぜる。

019

Fast soup 09
トマトジュース&コーン缶のスープ

抗酸化作用のあるリコピンを含むトマトジュースを使用。
食材のうまみが融合し、まろやかな口当たりです。

【 材料 】1人分

A
- クリームコーン缶 —— 100g
- トマトジュース（無塩）— 1/4カップ
- 牛乳 ———————— 1/4カップ
- 鶏ガラスープの素（顆粒）— 小さじ1/2

塩・こしょう ———————— 各少々
オリーブオイル ——————— 少々

【 作り方 】約4分

1/ 大きめの耐熱カップにAを入れ、混ぜる。

2/ ラップをかけ、電子レンジで1分30秒〜2分ほど加熱する。

3/ 塩とこしょうで味をととのえ、お好みでオリーブオイルをかける。

❗ コーン缶は、粒あり、粒なしのどちらでもOK。
無塩でないトマトジュースを使う場合は、塩の量を調整してください。

Fast soup 10 — Part 1 時短スープ

カボチャのカレー豆乳スープ

カボチャの甘みをベースにスパイシーな風味をプラス。
うまみたっぷりのスープにはパンを合わせるのもおすすめ。

【 材料 】1人分

冷凍カボチャ - 3個
A 無調整豆乳 —— 3/4カップ
　鶏ガラスープの素（顆粒）
　　—— 小さじ 2/3
　カレー粉 - 小さじ 1/8
　ショウガパウダー - 少々

【 作り方 】 約6分

1/ 大きめの耐熱カップに冷凍カボチャを入れてラップをかけ、電子レンジで2分ほど加熱する。

2/ 皮を取り除き、フォークの背などでつぶし、Aを加えて混ぜる。皮はみじん切りにし、加える。

3/ ラップをかけ、電子レンジでさらに1分30秒ほど加熱する。

❗ 生のカボチャを使う場合は、加熱時間を短めに調整してください。

Fast soup 11 中華風ゴマスープ

心地よいエノキダケの食感がアクセント。
抗酸化作用のあるゴマとネギの風味が食欲をそそります。

【 材料 】1人分

エノキダケ —— 50g
黒練りゴマ —— 小さじ1
A ┃ 牛乳 —— 3/4カップ
　┃ 鶏ガラスープの素(顆粒)
　┃ 　　—— 小さじ1
　┃ しょうゆ - 小さじ1/4
万能ネギ —— 少々

【 作り方 】 約5分

1/ エノキダケは1cmの長さに切り、大きめの耐熱カップに入れてラップをかけ、電子レンジで40秒ほど加熱する。

2/ 黒練りゴマを加えて混ぜ、さらにAを加えて混ぜる。

3/ ラップをかけ、電子レンジで1分30秒ほど加熱する。

4/ 小口切りにした万能ネギをちらす。

Part 1　時短スープ

Fast soup
12

ふんわりニラ玉汁

ビタミン、ミネラル豊富で疲労回復効果のあるニラ。
味の相性のよい卵でふんわりとした口当たりに。

【 材料 】1人分

- ニラ ——— 30g
- A
  - 水 ——— 1カップ
  - 鶏ガラスープの素(顆粒) ——— 大さじ1/2
  - 薄口しょうゆ ——— 小さじ1/2
- B
  - 片栗粉 ——— 小さじ1
  - 水 ——— 小さじ2
- 卵 ——— 1個

【 作り方 】約6分

1 / ニラは1cmの長さに切る。

2 / 小鍋にAを入れて中火で熱し、煮立ったら混ぜ合わせたBをまわし入れ、とろみをつける。

3 / 溶いた卵をまわし入れ、ゆっくりとかき混ぜる。ニラを加え、さっと煮る。

! ニラは火の通りが早いので、最後に加えます。煮すぎないように注意。

023

13 中華風ナメコ汁

14 中華風とろとろ卵のコーンスープ

Part 1 時短スープ

Fast soup 13 — 中華風ナメコ汁

みそ汁の定番具材ナメコを中華風にアレンジ。
ミネラル豊富なアオサノリの風味もポイントです。

【 材料 】1人分

- ナメコ —— 50g
- A
  - 水 —— 1カップ
  - 鶏ガラスープの素（顆粒）—— 小さじ1
- 乾燥アオサノリ — ひとつまみ
- 塩 —— 少々

【 作り方 】約5分

1/ 小鍋にAとナメコを入れて中火で熱し、3分ほど煮る。
2/ 乾燥アオサノリを加えて混ぜ、塩で味をととのえる。

Fast soup 14 — 中華風とろとろ卵のコーンスープ

なめらかな舌触りのクリームコーンと、
卵のとろりとした口当たりが合わさった1杯。

【 材料 】1人分

- 万能ネギ —— 少々
- A
  - クリームコーン缶 — 50g
  - 水 —— 3/4カップ
  - 鶏ガラスープの素（顆粒）—— 小さじ2/3
- 卵 —— 1個

【 作り方 】約5分

1/ 万能ネギは小口切りにする。
2/ 小鍋にAを入れ、混ぜる。中火で熱し、煮立ったら溶いた卵を回し入れ、ゆっくりとかき混ぜる。
3/ 器に盛り、1をちらす。

溶き卵を小鍋に入れてから、お玉などでゆっくり混ぜると、とろとろの状態になります。

コーン缶は粒あり、粒なしのどちらでもOK。

Fast soup 15 ゴマ油香るワカメスープ

ワカメは食物繊維が豊富で腸内のすっきり効果があります。
ゴマ油と白いりゴマの風味が食欲をそそります。

【 材料 】1人分

長ネギ ───── 3cm
A 乾燥ワカメ ───── ひとつまみ
　 鶏ガラスープの素（顆粒）- 小さじ1
　 薄口しょうゆ ───── 小さじ1/2
　 ゴマ油 ───── 小さじ1/2
　 白いりゴマ ───── 小さじ1/2
熱湯 ───── 1カップ

【 作り方 】 約3分

1/　長ネギは小口切りにする。
2/　耐熱カップに1とAを入れ、熱湯を加えてよく混ぜる。

Fast soup 16

Part 1 時短スープ

磯の香り漂う中華スープ

カルシウム豊富なシラス、ビタミン豊富なカイワレダイコン。
小さな具材の豊富な栄養がたっぷり入った1杯です。

【 材料 】1人分

カイワレダイコン ——— 30g
A 乾燥アオサノリ ——— ひとつまみ
　シラス干し ——— 大さじ1
　鶏ガラスープの素（顆粒）
　　——— 小さじ 2/3
熱湯 ——— 1カップ

【 作り方 】 約3分

1/ カイワレダイコンは1cmの長さに切る。
2/ 耐熱カップに1とAを入れ、熱湯を加えてよく混ぜる。

17 ほっこり納豆汁

Part 1 時短スープ

18 コロコロ豆腐のゴマみそスープ

19 白菜のみそミルクスープ

Part 1 時短スープ

20　和風あったかショウガスープ

031

Fast soup 17 ほっこり納豆汁

タンパク質、ビタミン、ミネラル豊富な納豆がたっぷり。
みそを合わせた、発酵食品の共演スープです。

【 材料 】1人分

- 水菜 —————— 20g
- ひきわり納豆 ———— 40g
- A
  - 水 —————— 1カップ
  - 和風だし(顆粒) —— 小さじ 1/3
  - ショウガパウダー —— 少々
- ナメコ —————— 50g
- みそ —————— 大さじ 1/2

【 作り方 】 約6分

1 / 水菜は1cmの長さに切る。
2 / 小鍋にAを入れて中火で熱し、煮立ったら納豆とナメコを加え、3分ほど煮る。
3 / 1を加えてさっと煮たら、火を止め、みそを溶き混ぜる。

Fast soup 18 コロコロ豆腐のゴマみそスープ

さっぱりしたモズクと豆腐の組み合わせ。
だし、みそ、ゴマそれぞれの風味も引き立っています。

【 材料 】1人分

- 絹ごし豆腐 ————— 100g
- A
  - 水 —————— 1カップ
  - 和風だし(顆粒) —— 小さじ 1/3
  - すり白ゴマ ———— 小さじ 1
- モズク(味付けなし)— 40g
- みそ —————— 大さじ 1/2

【 作り方 】 約5分

1 / 豆腐は1cm角に切る。
2 / 小鍋にAを入れて中火で熱し、煮立ったら1とモズクを加える。再び煮立ったら火を止め、みそを溶き混ぜる。

Part 1 時短スープ

Fast soup 19 白菜のみそミルクスープ

カリウム豊富な白菜のクリーミーなスープ。
ビタミン豊富な豆苗が味の面でもいい仕事をしています。

【 材料 】 1人分

- 白菜 ———————— 1/2 枚
- 豆苗 ———————— 10g
- A 水 ———————— 3/4 カップ
  　和風だし（顆粒）— 小さじ 1/3
  　ショウガパウダー — 少々
- 牛乳 ———————— 1/4 カップ
- みそ ———————— 大さじ 1/2

【 作り方 】 約7分

1/ 白菜は1cm角に切る。豆苗は1cmの長さに切る。

2/ 小鍋にAと白菜を入れて中火で熱し、3分ほど煮る。牛乳を入れてから豆苗を加え、沸騰直前で火を止め、みそを溶き混ぜる。

Fast soup 20 和風あったかショウガスープ

だしとショウガの風味が効いた上品な味わい。
スープに浮かぶかわいらしい手まり麩に心もほっこりです。

【 材料 】 1人分

- ミツバ ———————— 少々
- A カツオブシ ———— 1つまみ
  　シラス干し ———— 大さじ1
  　手まり麩（小）— 5個
  　和風だし（顆粒）— 小さじ 1/4
  　ショウガパウダー — 少々
- 熱湯 ———————— 1カップ
- みそ ———————— 大さじ 1/2

【 作り方 】 約3分

1/ ミツバは1cmの長さに切る。

2/ 耐熱カップに1とAを入れ、熱湯を加えてよく混ぜる。みそを加え、溶き混ぜる。

033

スープ＆ドリンクの保存方法と持ち運び

飲むタイミングは生活スタイルによってさまざま。
保存性、携帯性などそのレシピによって対応力は違います。

すぐに飲むもの

スムージー（ホット、常温とも）、ホットヨーグルトは時間が経つと食材が分離したり、変色したりするものもあります。フレッシュな状態のものをすぐに飲みましょう。

冷蔵保存

作り置きのスープやポタージュは、耐熱カップにラップをかけて冷蔵保存が可能ですが、2〜3日の間に飲み切りましょう。飲む際はそのまま電子レンジで加熱できます。

冷凍保存

作り置きのスープやポタージュは冷凍庫で保存しておくと便利です。1食分ずつ冷凍用保存袋に入れて平らに伸ばし、冷凍庫に入れてください。

冷蔵庫での自然解凍、またはボウルにたっぷりの水を入れて解凍します。解凍後は耐熱カップに入れて電子レンジでお好みの熱さにあたためます。小鍋であたためてもかまいません。解凍すると透明な水分が出てくることもありますが、その水分は捨てずによく混ぜてから加熱すると、なめらかな状態に戻ります。

注意

冷凍保存したものは2週間以内に飲み切りましょう。また、再冷凍はしないでください。豆乳入りのスープは冷蔵保存のみとし、冷凍する場合は豆乳を牛乳に代えて作ってください。

持ち運び

スープやポタージュを保温性の高い容器に入れて、出先で飲むのもよいでしょう。

注意

スムージーやホットヨーグルトは、味の劣化や食品衛生上の観点から持ち運びに向いていません。スープやポタージュにおいても傷みやすい食材が入っているものは注意してください。

Part 2

作り置きスープ＆ポタージュ

一度にたくさん作って保存しておく、前日に仕込んでおくなど、作り置きスープは忙しい朝にとても重宝されるレシピ。時短スープと違って少しだけ手間をかける分、バラエティ豊かなスープが揃いました。

Soup & Potage 01

かんたんミネストローネ

リコピン豊富なトマトと、大豆がたっぷりのスープ。
イタリアの家庭の味を朝の食卓に。

【 材料 】2人分

- ベーコン（スライス） ― 1枚
- タマネギ ― 1/8個
- セロリ ― 1/4本
- A
  - 大豆水煮 ― 50g
  - トマト水煮（カット） ― 200g
  - 水 ― 1カップ
  - コンソメ（顆粒） ― 小さじ1
- 塩・こしょう ― 各少々

【 作り方 】

1/ ベーコンは1cm角に切る。タマネギとセロリはみじん切りにする。

2/ 鍋にAと1を入れて中火で熱し、煮立ったらふたをのせ、弱めの中火で10分ほど煮る。塩とこしょうで味をととのえる。

Part 2 作りおきスープ＆ポタージュ

Soup & Potage
02

アサリのクラムチャウダー

ミネラル豊富なアサリのうまみがスープに凝縮。
入れる野菜は好みでアレンジしてもOKです。

※器に盛ってから、お好みでみじん切りにしたパセリをちらす。

【 材料 】2人分

- セロリ ——— 1/4本
- ジャガイモ ——— 中1個
- A｜水 ——— 1と1/2カップ
  ｜コンソメ（顆粒）— 小さじ1
- アサリ水煮 ——— 1缶（130g）
- 牛乳 ——— 1/2カップ
- 塩 ——— 少々
- ※パセリ ——— 少々

【 作り方 】

1/ セロリはみじん切りにする。ジャガイモは皮をむき、1cm角に切る。

2/ 鍋にAと1を入れて中火で熱し、煮立ったらふたをのせ、弱めの中火で10分ほど煮る。

3/ アサリを缶汁ごと加える。牛乳も加え、沸騰直前で火を止め、塩で味をととのえる。

! 冷凍保存する場合は、ジャガイモを軽くつぶしておくと、味が落ちにくくなります。

037

Soup & Potage 03 根菜たっぷりそぼろスープ

だしでやわらかく煮込んでいるので、やさしい味わい。
ダイコン、ニンジン、ひき肉が入って飲みごたえがあります。

【 材料 】2人分

ダイコン ── 2cm
ニンジン ── 1/4本
タマネギ ── 1/8個
ショウガ ── 1/2かけ
サラダ油 ── 小さじ2
鶏ひき肉 ── 100g
だし汁 ── 2カップ
しょうゆ ── 小さじ1
塩 ── 少々
※万能ネギ ── 少々

【 作り方 】

1 /　ダイコンとニンジンは1cm角に切り、タマネギとショウガはみじん切りにする。

2 /　鍋にサラダ油とショウガを入れて弱火で熱し、香りが出てきたら中火にし、鶏ひき肉を炒める。

3 /　だし汁と残りの野菜を加え、煮立ったらアクをとってふたをのせ、弱めの中火で15分ほど煮る。しょうゆを加えて混ぜ、塩で味をととのえる。

※器に盛ってから、お好みで小口切りにした万能ネギをちらす。

Part 2 作りおきスープ & ポタージュ

04 チリコンカンスープ

豚ひき肉や豆をトマトとスパイスで煮立てた、アメリカ生まれの味わい深いスープです。

【材料】2人分

- タマネギ —— 1/4個
- オリーブオイル —— 小さじ2
- 豚ひき肉 —— 100g
- A
  - ミックス豆水煮 —— 50g
  - トマト水煮（カット）—— 200g
  - 水 —— 1カップ
  - コンソメ（顆粒）—— 大さじ1/2
  - 一味唐辛子 —— 少々
- 塩 —— 少々

【作り方】

1/ タマネギはみじん切りにする。

2/ 鍋にオリーブオイルを入れて中火で熱し、豚ひき肉を炒める。

3/ 肉に火が通ったら、1を加えてさっと炒める。Aを加え、再び煮立ったらアクをとってふたをのせ、弱めの口火で10分ほど煮る。塩で味をととのえる。

039

Soup & Potage 05 栄養たっぷりコンソメスープ

胃の調子を整える効果のある**キャベツ**や**セロリ**、**ニンジン**。
心地よい食感を楽しみながら味わうスープです。

【 材料 】2人分

キャベツ	1枚
セロリ	1/4本
ニンジン	1/5本
A 大豆水煮	50 g
水	2カップ
コンソメ（顆粒）	小さじ2
塩・こしょう	各少々

【 作り方 】

1/　キャベツとニンジンは1cm角に切り、セロリはみじん切りにする。

2/　鍋に**A**、ニンジン、セロリを入れて中火で熱し、煮立ったらキャベツを加えてふたをのせ、弱めの中火で15分ほど煮る。塩とこしょうで味をととのえる。

06 ゴマの風味が豊かな担々スープ

ピリ辛を感じた後に、甘みやうまみが訪れるスープ。
白ゴマのまろやかな風味が際立っています。

※器に盛ってから、お好みでラー油をかける。

【 材料 】2人分

- 白菜 ──── 1枚
- 長ネギ ──── 1/4本
- ショウガ ──── 1/2かけ
- ゴマ油 ──── 小さじ2
- 豚ひき肉 ──── 100g
- **A** 水 ──── 2カップ
  鶏ガラスープの素（顆粒）- 大さじ1/2
- みそ ──── 小さじ2
- 白練りゴマ ──── 小さじ2
- ※ラー油 ──── 少々

【 作り方 】

1/ 白菜は1cm角に切り、長ネギとショウガはみじん切りにする。

2/ 鍋に長ネギ、ショウガ、ゴマ油を入れて弱火で熱し、香りが出てきたら中火にし、豚ひき肉を炒める。

3/ 肉に火が通ったら**A**と白菜を加え、煮立ったらアクをとってふたをのせ、弱めの中火で10分ほど煮る。みそと白練りゴマを溶き混ぜる。

07　トマトとホタテのライスポタージュ

Part 2 作りおきスープ＆ポタージュ

08 ミルキーライスポタージュ

09　みそ風味のライスポタージュ

10 中華風ライスポタージュ

07 トマトとホタテのライスポタージュ

トマト×ホタテでうまみたっぷりのかんたんスープ。
ご飯でとろみが出て、体の芯まであったまります。

【 材料 】2人分

A ┃ トマト水煮 — 150 g
  ┃ ご飯 ——— 50 g
  ┃ 水 ———— 1カップ
  ┃ コンソメ（顆粒）
  ┃ ——— 小さじ1/2
ホタテ水煮缶 ——1缶（70 g）
塩 ————————少々

【 作り方 】

1 / 鍋に**A**とホタテを缶汁ごと入れて中火で熱し、煮立ったらふたをのせ、弱めの中火で10分ほど煮る。

2 / **1**の粗熱を取り、ミキサーに入れて撹拌し、鍋にもどす。中火で熱し、塩で味をととのえる。

08 ミルキーライスポタージュ

マッシュルームとタマネギをご飯と牛乳でやさしい味に。
コンソメ風味で素材の味をしっかり感じられます。

【 材料 】2人分

マッシュルーム – 50 g
タマネギ ——— 1/4 個
A ┃ ご飯 ——— 50 g
  ┃ 水 ——— 1と1/2カップ
  ┃ コンソメ（顆粒）
  ┃ ——— 小さじ1
牛乳 ———— 1/2カップ
塩・こしょう —— 各少々
※パセリ ——— 少々

※器に盛ってから、お好みでみじん切りにしたパセリをちらす。

【 作り方 】

1 / マッシュルームは石突きを取り、半分に切る。タマネギはひと口大に切る。

2 / 鍋に**1**と**A**を入れて中火で熱し、煮立ったらふたをのせ、弱めの中火で10分ほど煮る。

3 / **2**の粗熱を取り、ミキサーに入れて撹拌し、鍋にもどす。牛乳を加えて混ぜ、中火で熱し、沸騰直前で火を止める。塩とこしょうで味をととのえる。

みそ風味のライスポタージュ

キャベツの甘みにショウガがピリッと効いたスープ。
白みそと牛乳を合わせてクリーミーに仕上げます。

【 材料 】2人分

キャベツ ——— 2枚
ショウガ ——— 2g
A｜ご飯 ——— 50g
　　だし汁
　　　——— 1と1/2カップ
牛乳 ——————— 1/2カップ
白みそ ————— 小さじ2

【 作り方 】

1 / キャベツはひと口大に切る。ショウガは薄切りにする。

2 / 鍋に1とAを入れて中火で熱し、煮立ったらふたをのせ、弱めの中火で10分ほど煮る。

3 / 2の粗熱を取り、ミキサーに入れて撹拌し、鍋にもどす。牛乳を加えて混ぜ、中火で熱し、沸騰直前で火を止める。白みそを溶き混ぜる。

中華風ライスポタージュ

ビタミンとカルシウムが豊富なチンゲンサイをまるごと使用。
とろりとした、見た目鮮やかな朝ごはんです。

【 材料 】2人分

チンゲンサイ - 1株
A｜ご飯 —— 50g
　　水 —— 1と1/2カップ
　　鶏ガラスープの素（顆粒）
　　　—— 大さじ1/2
牛乳 ——————— 1/2カップ
薄口しょうゆ - 小さじ1/2
塩・こしょう - 各少々

【 作り方 】

1 / チンゲンサイは5cmの長さに切る。

2 / 鍋にAを入れて中火で熱し、煮立ったらふたをのせ、弱めの中火で5分ほど煮る。チンゲンサイの茎を加えて3分ほど、葉を加えてさっと煮る。

3 / 2の粗熱を取り、ミキサーに入れて撹拌し、鍋にもどす。牛乳を加えて混ぜ、中火で熱し、沸騰直前で火を止める。しょうゆを加えて混ぜ、塩とこしょうで味をととのえる。

Soup & Potage
11

ブロッコリーのポテトポタージュ

栄養満点なブロッコリー、ジャガイモをスープで摂取。
ジャガイモのほどよいとろみが魅力の1杯です。

【 材料 】2人分

ブロッコリー – 50g
ジャガイモ —— 中1個
A｜水 —— 1と1/2カップ
　｜コンソメ（顆粒）
　｜　 —— 小さじ1
牛乳 ———— 1/2カップ
塩・こしょう – 各少々

【 作り方 】

1/　ブロッコリーは小房に分ける。ジャガイモは皮をむき、ひと口大に切る。

2/　鍋に1とAを入れて中火で熱し、煮立ったらふたをのせ、弱めの中火で15分ほど煮る。

3/　2の粗熱を取り、ミキサーに入れて撹拌し、鍋にもどす。牛乳を加えて混ぜ、中火で熱し、沸騰直前で火を止める。塩とこしょうで味をととのえる。

Part 2 　作りおきスープ & ポタージュ

12 パプリカ入りパンプキンポタージュ

β-カロテンが豊富なカボチャと赤パプリカ。
自然な甘みが際立つスープは、お好みでパンと一緒に。

【 材料 】2人分

カボチャ ── 100g
赤パプリカ ── 1/4個
A｜水 ── 1と1/2カップ
　｜コンソメ（顆粒）
　　　── 小さじ1
牛乳 ── 1/2カップ
塩・こしょう ── 各少々

【 作り方 】

1/ カボチャは皮をむいて種とわたを取り、ひと口大に切る。赤パプリカはへたと種を取り、ひと口大に切る。

2/ 鍋に**1**と**A**を入れて中火で熱し、煮立ったらふたをのせ、弱めの中火で15分ほど煮る。

3/ **2**の粗熱を取り、ミキサーに入れて撹拌し、鍋にもどす。牛乳を加えて混ぜ、中火で熱し、沸騰直前で火を止める。塩とこしょうで味をととのえる。

Soup & Potage 13 — 和風キノコポタージュ

シイタケとマイタケのうまみが凝縮した、和風仕立てのまろやかなポタージュです。

※器に盛ってから、お好みで小口切りにした万能ネギをちらす。

【 材料 】1人分

シイタケ —— 4枚
マイタケ —— 50g
サラダ油 —— 小さじ2
だし汁 —— 1と1/2カップ
牛乳 —— 1/2カップ
薄口しょうゆ - 小さじ1
塩 —— 少々
※万能ネギ —— 少々

【 作り方 】

1/ シイタケは石突きを取って、半分に切る。マイタケは小房に分ける。

2/ 鍋にサラダ油を入れて中火で熱し、1を炒める。ややしんなりとしたら、だし汁を加える。煮立ったらふたをのせ、弱めの中火で10分ほど煮る。

3/ 2の粗熱を取り、ミキサーで撹拌し、鍋にもどす。牛乳を加えて混ぜ、中火で熱し、沸騰直前で火を止める。薄口しょうゆを加えて混ぜ、塩で味をととのえる。

Soup & Potage 14

Part 2 　作りおきスープ & ポタージュ

レンコンのジンジャーポタージュ

レンコンのとろりとした口当たりに、
豆乳の風味、和風だしの効いたスープです。

【 材料 】1人分

- レンコン —— 150 g
- ショウガ —— 2 g
- だし汁 —— 1と1/2カップ
- 無調整豆乳 —— 1/2 カップ
- A │ 薄口しょうゆ - 小さじ 1/2
  │ みりん —— 小さじ 1/2
- 塩 —————— 少々
- ※ミツバ —— 少々

【 作り方 】

1/　レンコンは皮をむき、ひと口大に切る。ショウガは薄切りにする。

2/　鍋に**1**とだし汁を入れて中火で熱し、煮立ったらふたをのせ、弱めの中火で15分ほど煮る。

3/　**2**の粗熱を取り、ミキサーで撹拌し、鍋にもどす。豆乳を加えて混ぜ、中火で熱し、沸騰直前で火を止める。**A**を加えて混ぜ、塩で味をととのえる。

❗ 冷凍保存する場合は、豆乳を牛乳に替えて作ってください。

※器に盛ってから、お好みでみじん切りにしたミツバをちらす。

Soup & Potage 15 トマトとレッドキドニーのポタージュ

食物繊維とミネラル豊富なレッドキドニーと
トマトとタマネギの甘みで奥深い味わいに。

※器に盛ってから、お好みで粉チーズをふる。

【 材料 】2人分

タマネギ ─── 1/4 個
A
　トマト水煮 ─── 100 g
　レッドキドニー水煮
　　　　　　 ─── 50 g
　水 ─── 1 と 1/2 カップ
　コンソメ（顆粒）- 大さじ 1/2
塩・こしょう ─── 各少々
※粉チーズ ─── 少々

【 作り方 】

1 / タマネギはひと口大に切る。
2 / 鍋に 1 と A を入れて中火で熱し、煮立ったらふたをのせ、弱めの中火で 10 分ほど煮る。
3 / 2 の粗熱を取り、ミキサーで撹拌し、鍋にもどす。中火で熱し、塩とこしょうで味をととのえる。

Part 2 作りおきスープ & ポタージュ

16 レモン風味のアボカドポタージュ

食物繊維とビタミンEが豊富なアボカドをスープに。
濃厚でクリーミーな味わいに少し酸味をプラス。

【 材料 】2人分

- アボカド —— 1/2 個
- タマネギ —— 1/4 個
- A
  - 水 —— 1と1/2カップ
  - 鶏ガラスープの素（顆粒） —— 大さじ1/2
- 牛乳 —— 1/2 カップ
- レモン果汁 —— 小さじ1
- 塩・こしょう - 各少々

【 作り方 】

1 / アボカドは皮と種を取り、ひと口大に切る。タマネギもひと口大に切る。

2 / 鍋に1とAを入れて中火で熱し、煮立ったらふたをのせ、弱めの中火で10分ほど煮る。

3 / 2の粗熱を取り、ミキサーで撹拌し、鍋にもどす。牛乳を加えて混ぜ、中火で熱し、沸騰直前で火を止める。レモン果汁を加えて混ぜ、塩とこしょうで味をととのえる。

17 枝豆たっぷりポタージュ

18 サツマイモの豆乳ポタージュ

Soup & Potage 17

枝豆たっぷりポタージュ

豆と野菜の両方の栄養を持つ枝豆をふんだんに使用。
枝豆の風味にタマネギの甘みが合わさった1杯です。

【 材料 】2人分

枝豆（実） —— 80g
タマネギ —— 1/4 個
A｜水 —— 1カップ
　｜コンソメ（顆粒）
　｜—— 小さじ1
無調整豆乳 —— 1カップ
塩・こしょう —— 各少々

【 作り方 】

1/ 枝豆は塩少々を入れた湯でゆで、さやから実を取り出す。冷凍枝豆を使う場合は、解凍して実を取り出す。仕上げの塩は控えめにする。

2/ タマネギはひと口大に切る。

3/ 鍋に1と2とAを入れて中火で熱し、煮立ったらふたをのせ、弱めの中火で10分ほど煮る。

4/ 3の粗熱を取り、ミキサーで撹拌し、鍋にもどす。豆乳を加えて混ぜ、中火で熱し、沸騰直前で火を止める。塩とこしょうで味をととのえる。

! 冷凍保存する場合は、豆乳を牛乳に替えて作ってください。

Soup & Potage 18

サツマイモの豆乳ポタージュ

やさしい甘みのサツマイモを飲むスタイルに。
豆乳とサツマイモでまろやかな味わいに。

【 材料 】2人分

サツマイモ —— 150g
タマネギ —— 1/4 個
A｜水 —— 1と1/2カップ
　｜コンソメ（顆粒）
　｜—— 小さじ1
無調整豆乳 —— 1/2カップ
塩・こしょう —— 各少々

【 作り方 】

1/ サツマイモは1cm厚さの輪切りにし、水（分量外）に5分ほどさらし、水気を切る。タマネギはひと口大に切る。

2/ 鍋に1とAを入れて中火で熱し、煮立ったらふたをのせ、弱めの中火で15分ほど煮る。

3/ 2の粗熱を取り、ミキサーで撹拌し、鍋にもどす。豆乳を加えて混ぜ、中火で熱し、沸騰直前で火を止める。塩とこしょうで味をととのえる。

! 冷凍保存する場合は、豆乳を牛乳に替えて作ってください。

Soup & Potage 19
ホウレンソウの濃厚ポタージュ

緑鮮やかなホウレンソウにジャガイモを加えて、
とろみのついた飲みごたえある1杯に。

! 冷凍保存する場合は、豆乳を牛乳に替えて作ってください。

【 材料 】2人分

ホウレンソウ — 1/3束
ジャガイモ —— 中1個
A｜水 —— 1と1/2カップ
 ｜コンソメ（顆粒）
 ｜ —— 大さじ 1/2
無調整豆乳 —— 1/2カップ
塩・こしょう — 各少々

【 作り方 】

1/ ホウレンソウは塩少々を入れた熱湯でゆで、冷水にさらす。水気をしっかりとしぼり、5cmの長さに切る。

2/ ジャガイモは皮をむき、ひと口大に切る。

3/ 鍋に2とAを入れて中火で熱し、煮立ったらふたをのせ、弱めの中火で15分ほど煮る。1を加え、ひと煮立ちしたら、火を止める。

4/ 3の粗熱を取り、ミキサーで撹拌し、鍋にもどす。豆乳を加えて混ぜ、中火で熱し、沸騰直前で火を止める。塩とこしょうで味をととのえる。

サツマイモとニンジンの和風仕立て

サツマイモとニンジンの甘みが特徴。
だし汁としょうゆで和風に仕立てたポタージュです。

【 材料 】2人分

サツマイモ —— 100 g
ニンジン —— 1/2 本
だし汁 —— 1 と 1/2 カップ
牛乳 —— 1/2 カップ
薄口しょうゆ - 小さじ 1
塩 —— 少々

【 作り方 】

1 / サツマイモは1cm厚さの輪切りにし、水（分量外）に5分ほどさらし、水気を切る。ニンジンはひと口大に切る。

2 / 鍋に**1**とだし汁を入れて中火で熱し、煮立ったらふたをのせ、弱めの中火で15分ほど煮る。

3 / **2**の粗熱を取り、ミキサーで撹拌し、鍋にもどす。牛乳を加えて混ぜ、中火で熱し、沸騰直前で火を止める。薄口しょうゆを加えて混ぜ、塩で味をととのえる。

Soup & Potage 21 根菜のみそポタージュ

独特のうまみのあるゴボウと、さわやかな風味のカブ。
素朴な味わいは、みそとの相性が抜群です。

【 材料 】2人分

ゴボウ	50g
カブ	2個
サラダ油	小さじ2
だし汁	1と1/2カップ
牛乳	1/2カップ
白みそ	小さじ2

【 作り方 】

1 / ゴボウは皮を包丁の背でこそげ取って斜め薄切りにし、水(分量外)に2分ほどさらし、水気を切る。カブは8等分に切る。

2 / 鍋にサラダ油を入れて中火で熱し、ゴボウを3〜4分炒める。カブを加えてさっと炒めたら、だし汁を加える。煮立ったらふたをのせ、弱めの中火で15分ほど煮る。

3 / **2**の粗熱を取り、ミキサーで撹拌し、鍋にもどす。牛乳を加えて混ぜ、中火で熱し、沸騰直前で火を止める。白みそを溶き混ぜる。

Part 2 作りおきスープ & ポタージュ

Soup & Potage 22
エリンギとヒヨコマメのポタージュ

まろやかな風味のエリンギと、ほっくりとしたヒヨコマメ。
それぞれの素材の味をしっかり感じられる中華風の1杯です。

【 材料 】2人分

エリンギ —— 100 g
タマネギ —— 1/4 個
A│ヒヨコマメ水煮
  　—— 50 g
　水 —— 2 カップ
　鶏ガラスープの素（顆粒）
  　—— 小さじ 2
塩・こしょう - 各少々
※パセリ —— 少々

【 作り方 】

1/　エリンギとタマネギはひと口大に切る。

2/　鍋に1とAを入れて中火で熱し、煮立ったらふたをのせ、弱めの中火で10分ほど煮る。

3/　2の粗熱を取り、ミキサーで撹拌し、鍋にもどす。中火で熱し、塩とこしょうで味をととのえる。

※器に盛ってから、お好みでみじん切りにしたパセリをちらす。

059

23 根菜カレーのポタージュ

24 カリフラワーのカレーポタージュ

Part 2 作りおきスープ & ポタージュ

Soup & Potage 23 根菜のカレーポタージュ

常備野菜のジャガイモとニンジンをカレースープに。
牛乳仕立てなのでマイルドな口当たりです。

【 材料 】2人分

ジャガイモ —— 中1個
ニンジン —— 1/2本
A │ 水 —— 1と1/2カップ
　 │ コンソメ（顆粒）- 小さじ1
B │ 牛乳 —— 1/2カップ
　 │ カレー粉 —— 小さじ1/2
塩・こしょう —— 各少々

【 作り方 】

1/ ジャガイモは皮をむき、ひと口大に切る。ニンジンもひと口大に切る。

2/ 鍋に**1**と**A**を入れて中火で熱し、煮立ったらふたをのせ、弱めの中火で15分ほど煮る。

3/ **2**の粗熱を取り、ミキサーで撹拌し、鍋にもどす。**B**を加えて混ぜ、中火で熱し、沸騰直前で火を止める。塩とこしょうで味をととのえる。

Soup & Potage 24 カリフラワーのカレーポタージュ

ほんのり甘いカリフラワーのスープ。
スパイシーでクリーミーな味わいです。

【 材料 】2人分

カリフラワー —— 50g
ジャガイモ —— 中1個
A │ 水 —— 1と1/2カップ
　 │ 鶏ガラスープの素（顆粒）
　 │ 　　　—— 大さじ1/2
B │ 牛乳 —— 1/2カップ
　 │ カレー粉 —— 小さじ1/2
塩 —— 少々
※粗挽きこしょう - 少々

【 作り方 】

1/ カリフラワーは小房に分ける。ジャガイモは皮をむき、ひと口大に切る。

2/ 鍋に**1**と**A**を入れて中火で熱し、煮立ったらふたをのせ、弱めの中火で15分ほど煮る。

3/ **2**の粗熱を取り、ミキサーで撹拌し、鍋にもどす。**B**を加えて混ぜ、中火で熱し、沸騰直前で火を止める。塩で味をととのえる。

※器に盛ってから、お好みで粗挽きこしょうをふる。

Soup & Potage
25

ゴボウとシイタケのポタージュ

食物繊維たっぷりのゴボウとシイタケを使った1杯。
なめらかな舌触りで、深いコクを味わえます。

※器に盛ってから、お好みでみじん切りにしたミツバをちらす。

【 材料 】2人分

- ゴボウ ——— 70g
- シイタケ ——— 2枚
- オリーブオイル
  ——— 小さじ2
- A 水 ——— 1カップ
    鶏ガラスープの素（顆粒）
    ——— 小さじ1
- 牛乳 ——— 1カップ
- 塩 ——— 少々
- ※ミツバ ——— 少々

【 作り方 】

1/ ゴボウは皮を包丁の背でこそぎ取って斜め薄切りにし、水（分量外）に2分ほどさらし、水気を切る。シイタケは石突きを取り、半分に切る。

2/ 鍋にオリーブオイルを入れて中火で熱し、ゴボウを3〜4分炒める。シイタケを加えてさっと炒めたら、Aを加える。煮立ったらふたをのせ、弱めの中火で15分ほど煮る。

3/ 2の粗熱を取り、ミキサーで撹拌し、鍋にもどす。牛乳を加えて混ぜ、中火で熱し、沸騰直前で火を止める。塩で味をととのえる。

Part 2 作りおきスープ & ポタージュ

26 ニンジンとコーンのポタージュ

抗酸化作用のある β-カロテンが豊富なニンジン。
やさしい甘みを味わいながら健康美に効果的な1杯です。

【 材料 】2人分

- ニンジン —— 1/2 本
- タマネギ —— 1/4 個
- 水 —— 1 と 1/4 カップ
- A
  - クリームコーン缶 —— 100 g
  - コンソメ（顆粒） —— 小さじ 1/2
- 牛乳 —— 1/2 カップ
- 塩・こしょう - 各少々

【 作り方 】

1/ ニンジンとタマネギはひと口大に切る。

2/ 鍋に1と分量の水を入れて中火で熱し、煮立ったらふたをのせ、弱めの中火で10分ほど煮る。Aを加え、3分ほど煮る。

3/ 2の粗熱を取り、ミキサーで撹拌し、鍋にもどす。牛乳を加えて混ぜ、中火で熱し、沸騰直前で火を止める。塩とこしょうで味をととのえる。

❗ コーン缶は粒あり、粒なしのどちらでも OK。

Soup & Potage 27 具だくさんなクリームシチュー

ビタミンと食物繊維を多く含むエリンギ。
なめらかな飲み口にコリコリとした食感がアクセントです。

※器に盛ってから、お好みで粗挽きこしょうをふる。

【 材料 】2人分

- エリンギ ──── 50 g
- ニンジン ──── 1/4 本
- タマネギ ──── 1/8 個
- 水 ──── 1 カップ
- A
  - クリームコーン缶 ── 100 g
  - 牛乳 ──── 1/2 カップ
  - コンソメ（顆粒）- 小さじ 1
- 塩 ──── 少々
- ※粗挽きこしょう ── 少々

【 作り方 】

1 / エリンギとニンジンは 1 cm角に切り、タマネギはみじん切りにする。

2 / 鍋に分量の水と **1** を加え、煮立ったらふたをのせ、弱めの中火で 15 分ほど煮る。

3 / **A** を加えて混ぜ、沸騰直前で火を止め、塩で味をととのえる。

❗ コーン缶は粒あり、粒なしのどちらでも OK。

Part
3

ホットスムージー＆
ホットヨーグルト

常温や冷やしたものを飲むことが多いス
ムージーやヨーグルトも、少し加熱すると
胃腸にやさしい飲み物に。人肌より少し
あったかく加熱するのがコツです。

01 オレンジ＋ニンジン＋ショウガ

甘みのあるオレンジとニンジンをベースに
レモンの酸味とショウガの辛みを効かせた1杯。

【 材料 】1人分

オレンジ ―― 1個
ニンジン ―― 1/4本
水 ―― 1/4カップ
レモン果汁 ― 小さじ1/2
ショウガパウダー
　―――― 少々
ハチミツ ―― 小さじ1/2

【 作り方 】

1/　オレンジは外側の皮をむいて薄皮のまま種を除き、2～3cm角に切る。ニンジンは2～3cm角に切る。

2/　ミキサーに水、レモン果汁、オレンジ、ニンジン、ショウガパウダー、ハチミツの順に入れ、撹拌する。

3/　耐熱カップに入れてラップをかけ、電子レンジで40秒～1分ほど加熱する。

Part 3 ホットスムージー&ヨーグルト

ルビーグレープフルーツ＋リンゴ

酸味がひかえめのルビーグレープフルーツ。
リンゴの甘みが相まってさわやかな飲み口です。

【 材料 】1人分

ルビーグレープフルーツ
　──────── 1/2 個
リンゴ ──── 1/4 個
水 ────── 1/4 カップ
ハチミツ ── 小さじ1

【 作り方 】

1/ ルビーグレープフルーツは外側の皮をむいて薄皮のまま種を除き、2〜3cm角に切る。リンゴは芯と種を取り、2〜3cm角に切る。

2/ ミキサーに水、ルビーグレープフルーツ、リンゴ、ハチミツの順に入れ、撹拌する。

3/ 耐熱カップに入れてラップをかけ、電子レンジで40秒〜1分ほど加熱する。

バナナ＋ココア＋豆乳

バナナの甘みが効いた豆乳ココア。
あたためることでバナナの香りが広がります。

【 材料 】1人分

バナナ —— 1本
A ピュアココア
　　　—— 小さじ1
　無調整豆乳
　　　—— 小さじ2
無調整豆乳 —— 3/4カップ

【 作り方 】

1 / バナナは皮をむき、2〜3cm幅に切る。Aをスプーンで練り混ぜる。

2 / ミキサーに豆乳、バナナ、Aの順に入れ、撹拌する。

3 / 耐熱カップに入れてラップをかけ、電子レンジで40〜50秒ほど加熱する。

ココアを少量の豆乳に混ぜ合わせ、溶かしてから入れるとダマになりにくくなります。

Smoothie & Yogurt 04

Part3 ホットスムージー&ヨーグルト

グレープフルーツ＋セロリ＋ショウガ

香りにリラックス効果があるといわれるセロリ。
グレープフルーツとの組み合わせですっきりした飲み口に。

【 材料 】1人分

グレープフルーツ ——— 1個
セロリ ——— 1/4本
水 ——— 大さじ2
ショウガパウダー ——— 少々
ハチミツ ——— 小さじ2

【 作り方 】

1 / グレープフルーツは外側の皮をむいて薄皮のまま種を除き、2〜3cm角に切る。セロリは2〜3cm角に切る。

2 / ミキサーに水、グレープフルーツ、セロリ、ショウガパウダー、ハチミツの順に入れ、撹拌する。

3 / 耐熱カップに入れてラップをかけ、電子レンジで40秒〜1分ほど加熱する。

05 カボチャ＋ココナッツミルク

06 サツマイモ＋牛乳＋きな粉

Smoothie & Yogurt 05

カボチャ＋ココナッツミルク

まったり濃厚な味わいのカボチャとココナッツミルク。
その味わいとは対照的にさらっとした口当たりです。

【 材料 】 1人分

カボチャ ─────── 70g
ココナッツミルク ─── 1/4カップ
牛乳 ───────── 1/2カップ
ハチミツ ─────── 小さじ1

【 作り方 】

1 / カボチャは皮をむいてわたと種を取り、2～3cm角に切る。耐熱カップに入れてラップをかけ、電子レンジで1分20秒ほど加熱する。

2 / ミキサーに牛乳、ココナッツミルク、カボチャ、ハチミツの順に入れ、撹拌する。

3 / 耐熱カップに入れてラップをかけ、電子レンジで30～40秒ほど加熱する。

Smoothie & Yogurt 06

サツマイモ＋牛乳＋きな粉

きな粉の風味が効いた和風のスムージー。
サツマイモのほっこり感をそのまま味わえます。

【 材料 】 1人分

サツマイモ ─────── 70g
牛乳 ───────── 3/4カップ
きな粉 ─────── 小さじ1
ハチミツ ─────── 小さじ1

【 作り方 】

1 / サツマイモは2～3cm角に切り、水（分量外）に5分ほどさらし、水気を切る。耐熱カップに入れてラップをかけ、電子レンジで1分30秒ほど加熱する。

2 / ミキサーに牛乳、サツマイモ、きな粉、ハチミツの順に入れ、撹拌する。

3 / 耐熱カップに入れてラップをかけ、電子レンジで30～40秒ほど加熱する。

Smoothie & Yogurt 07

トマト＋リンゴ＋ショウガ

甘みと酸味のバランスをハチミツがととのえた1杯。
リコピン豊富なトマトとリンゴのスムージーです。

【 材料 】1人分

- トマト ——— 1個
- リンゴ ——— 1/4個
- 水 ——— 1/4カップ
- ショウガパウダー
   ——— 少々
- ハチミツ ——— 小さじ1

【 作り方 】

1 / トマトはへたを取り、2〜3cm角に切る。リンゴは芯と種を取り、2〜3cm角に切る。

2 / ミキサーに水、トマト、リンゴ、ショウガパウダー、ハチミツの順に入れ、撹拌する。

3 / 耐熱カップに入れてラップをかけ、電子レンジで40秒〜1分ほど加熱する。

Smoothie & Yogurt 08

Part 3 ホットスムージー＆ヨーグルト

パイナップル＋セロリ

香りに気持ちを落ち着かせる効果があるとされるセロリ。
さわやかなパイナップルの風味ですっきりした飲み口です。

【 材料 】1人分

パイナップル - 100 g
セロリ ——— 1/3本
水 ——————— 1/4カップ
ハチミツ —— 小さじ1

【 作り方 】

1 / パイナップルは皮と芯を取り、2〜3cm角に切る。
セロリは2〜3cm角に切る。

2 / ミキサーに水、パイナップル、セロリ、ハチミツの順に入れ、撹拌する。

3 / 耐熱カップに入れてラップをかけ、電子レンジで40秒〜1分ほど加熱する。

ミカン＋ミニトマト＋レモン

酸味と甘みが合わさったミカンとミニトマト。
レモンの酸味で目覚めもすっきりです。

【 材料 】1人分

ミカン ——— 2個
ミニトマト — 5個
レモン ——— 1/2個
水 ————— 大さじ2
ハチミツ —— 小さじ1

【 作り方 】

1/ ミカンは外側の皮をむき、小房に分ける。ミニトマトはへたをとる。レモンは外側の皮をむいて薄皮のまま種を除き、2〜3cm角に切る。

2/ ミキサーに水、ミカン、ミニトマト、レモン、ハチミツの順に入れ、撹拌する。

3/ 耐熱カップに入れてラップをかけ、電子レンジで40秒〜1分ほど加熱する。

❗ 分離しやすいので、作ったらすぐに飲みましょう。

Part 3 ホットスムージー&ヨーグルト

レモン＋ニンジン＋リンゴ

ニンジンの舌触りが残り、甘酸っぱくさわやか。
あったかいビタミン満点のスムージーです。

【 材料 】1人分

レモン ── 1/2 個
ニンジン ── 1/4 本
リンゴ ── 1/4 個
水 ── 1/2 カップ
ハチミツ ── 大さじ 1/2

【 作り方 】

1/ レモンは外側の皮をむいて薄皮のまま種を除き、2〜3cm角に切る。ニンジンは2〜3cm角に切る。リンゴは芯と種を取り、2〜3cm角に切る。

2/ ミキサーに水、レモン、ニンジン、リンゴ、ハチミツの順に入れ、撹拌する。

3/ 耐熱カップに入れてラップをかけ、電子レンジで40秒〜1分ほど加熱する。

11 あったか青汁ヨーグルト

3 ホットスムージー&ヨーグルト

12 フレッシュグリーンヨーグルト

13 セサミオレンジヨーグルト

Part **3** ホットスムージー＆ヨーグルト

14　たっぷりミニトマトヨーグルト

あったか青汁ヨーグルト

健康ドリンクの青汁にヨーグルトを組み合わせれば
青臭さや苦みが和らぎ、栄養効果がアップします。

【 材料 】1人分

プレーンヨーグルト
―――― 150 g
青汁パウダー ―― 小さじ1
ハチミツ ――― 小さじ2

【 作り方 】

1 / 耐熱カップにすべての材料を入れ、混ぜる。

2 / ラップをかけ、電子レンジで40秒～1分ほど加熱する。

フレッシュグリーンヨーグルト

アボカド、キウイとも食物繊維が豊富です。
ヨーグルトと合わせることで整腸作用が高まります。

【 材料 】1人分

キウイフルーツ－1個
アボカド ――― 1/4個
プレーンヨーグルト
―――― 100 g
ハチミツ ――― 小さじ2

【 作り方 】

1 / キウイは皮をむき、2～3㎝角に切る。アボカドは皮と種を取り、2～3㎝角に切る。

2 / ミキサーにヨーグルト、キウイ、アボカド、ハチミツの順に入れ、撹拌する。

3 / 耐熱カップに入れてラップをかけ、電子レンジで40秒～1分ほど加熱する。

セサミオレンジヨーグルト

しぼりたてオレンジをまるごと1個使用。
ゴマの風味がヨーグルトにからんで絶品です。

【 材料 】1人分

オレンジ ——— 1個
A｜プレーンヨーグルト
　　　——— 100 g
　｜白すりゴマ – 小さじ1
　｜ハチミツ ——— 小さじ1
白すりゴマ ——— 少々

【 作り方 】

1／ オレンジは半分に切り、スクイーザーでしぼる。
2／ 耐熱カップに1とAを入れて混ぜる。
3／ ラップをかけ、電子レンジで40秒〜1分ほど加熱する。お好みで白すりゴマをふる。

たっぷりミニトマトヨーグルト

ミニトマトとヨーグルトの素材の味のみのドリンク。
甘みを加えていないので、すっきりした飲み口です。

【 材料 】1人分

ミニトマト ——— 5個
プレーンヨーグルト
　　　——— 100 g
オリーブオイル – 少々
塩 ——————— 少々

【 作り方 】

1／ ミニトマトはへたをとる。
2／ ミキサーにヨーグルト、ミニトマトの順に入れ、撹拌する。
3／ 耐熱カップに入れてラップをかけ、電子レンジで40秒〜1分ほど加熱する。お好みでオリーブオイルをかけ、塩をふる。

Smoothie & Yogurt 15

甘酒ベースのきな粉ヨーグルト

タンパク質豊富なきな粉の芳しい香りが、
ヨーグルトや甘酒と相性バッチリです。

【 材料 】1人分

A プレーンヨーグルト — 100 g
  甘酒 ———————— 1/4 カップ
  きな粉 ——————— 小さじ1
きな粉 ————————— 少々

【 作り方 】

1/ 耐熱カップにAを入れ、混ぜる。
2/ ラップをかけ、電子レンジで40秒〜1分ほど加熱する。お好みできな粉をふる。

❗ 甘酒はアルコールが含まれていないものを選びましょう。

Part 3　ホットスムージー&ヨーグルト

ブルーベリーの甘酒ヨーグルト

ブルーベリーとヨーグルトという王道の組み合わせも
甘酒をブレンドすることで新感覚の味わいに。

【 材料 】1人分

ブルーベリー ─────── 40g
プレーンヨーグルト ─── 100g
甘酒 ──────────── 1/4カップ

【 作り方 】

1 / ミキサーにヨーグルト、甘酒、ブルーベリーの順に入れ、撹拌する。

2 / 耐熱カップに入れてラップをかけ、電子レンジで40秒〜1分ほど加熱する。

❗ 甘酒はアルコールが含まれていないものを選びましょう。

Smoothie & Yogurt
17

パインの甘酒ヨーグルト

ジューシーな完熟パイナップルに、ヨーグルトの酸味と甘酒のやさしい甘みの相性が抜群です。

【 材料 】1人分

パイナップル - 50 g
プレーンヨーグルト
———— 100 g
甘酒 ———— 1/4 カップ

【 作り方 】

1／ パイナップルは皮と芯を取り、2〜3cm角に切る。

2／ ミキサーにヨーグルト、甘酒、パイナップルの順に入れ、撹拌する。

3／ 耐熱カップに入れてラップをかけ、電子レンジで40秒〜1分ほど加熱する。

❶ 甘酒はアルコールが含まれていないものを選びましょう。

Part3 ホットスムージー&ヨーグルト

ルビーグレープフルーツヨーグルト

酸味がさわやかなルビーグレープフルーツに
おからパウダーをプラスして栄養アップの1杯に。

【 材料 】1人分

ルビーグレープフルーツ
　────── 1/2 個
A｜プレーンヨーグルト
　　──── 100 g
　｜おからパウダー
　　──── 小さじ2
　｜ハチミツ - 小さじ2

【 作り方 】

1/ ルビーグレープフルーツをスクイーザーでしぼる。

2/ 耐熱カップに**1**と**A**を入れて混ぜる。

3/ ラップをかけ、電子レンジで40秒〜1分ほど加熱する。

マンゴーのおからヨーグルト

甘酸っぱいマンゴーとまろやかなヨーグルトが
おからパウダーでとろりとした口当たりに。

【 材料 】1人分

マンゴー ───── 1/2 個
プレーンヨーグルト ─ 100 g
おからパウダー ── 小さじ 2
ハチミツ ────── 小さじ 1

【 作り方 】

1 / マンゴーは皮と種を取り、2〜3cm角に切る。

2 / ミキサーにヨーグルト、マンゴー、おからパウダー、ハチミツの順に入れ、撹拌する。

3 / 耐熱カップに入れてラップをかけ、電子レンジで40秒〜1分ほど加熱する。

Part 3 ホットスムージー&ヨーグルト

イチゴのまろやかヨーグルト

定番の イチゴ とヨーグルトの組み合わせも
あたたかいドリンクにすれば新感覚の味わいに。

【 材料 】1人分

イチゴ ——————— 5個
プレーンヨーグルト — 100g
おからパウダー —— 小さじ2
ハチミツ ——————— 小さじ1

【 作り方 】

1/ イチゴはへたを取り、半分に切る。

2/ ミキサーにヨーグルト、イチゴ、おからパウダー、ハチミツの順に入れ、撹拌する。

3/ 耐熱カップに入れてラップをかけ、電子レンジで40秒〜1分ほど加熱する。

さわやかイエローヨーグルト

黄色鮮やかなゴールドキウイと黄パプリカの組み合わせ。
ゴールドキウイ特有の甘さが際立つドリンクです。

【 材料 】1人分

ゴールドキウイ —— 1個
黄パプリカ —— 1/4個
プレーンヨーグルト
　　—————— 100g
ハチミツ —— 小さじ1

【 作り方 】

1/ キウイは皮をむき、2～3cm角に切る。パプリカはへたと種を取り、2～3cm角に切る。

2/ ミキサーにヨーグルト、キウイ、パプリカ、ハチミツの順に入れ、撹拌する。

3/ 耐熱カップに入れてラップをかけ、電子レンジで40秒～1分ほど加熱する。

Smoothie & Yogurt
22

Part 3 ホットスムージー&ヨーグルト

クルミ入りカボチャヨーグルト

ほっこり甘いカボチャと香ばしいクルミで風味が豊か。
食物繊維たっぷりで、整腸作用を期待できます。

【 材料 】1人分

カボチャ ── 50 g
プレーンヨーグルト
　── 100 g
クルミ ── 5 g
ハチミツ ── 小さじ1

【 作り方 】

1/ カボチャは皮をむいてわたと種を取り、2〜3cm角に切る。耐熱カップに入れてラップをかけ、電子レンジで1分ほど加熱する。

2/ ミキサーにヨーグルト、カボチャ、クルミ、ハチミツの順に入れ、撹拌する。

3/ 耐熱カップに入れてラップをかけ、電子レンジで20〜30秒ほど加熱する。

23 キウイのアーモンドヨーグルト　　**24** サツマイモとナッツのヨーグルト

Part 3 ホットスムージー＆ヨーグルト

Smoothie & Yogurt
23

キウイのアーモンドヨーグルト

キウイとヨーグルトのさっぱりとした味わいに
香り高いローストアーモンドでコクをプラス。

【 材料 】1人分

キウイフルーツ ——— 1個
プレーンヨーグルト — 100g
ローストアーモンド — 3粒
ハチミツ ——————— 小さじ1

【 作り方 】

1/ キウイは皮をむき、2〜3cm角に切る。
2/ ミキサーにヨーグルト、キウイ、ローストアーモンド、ハチミツの順に入れ、撹拌する。
3/ 耐熱カップに入れてラップをかけ、電子レンジで40秒〜1分ほど加熱する。

Smoothie & Yogurt
24

サツマイモとナッツのヨーグルト

食物繊維豊富なサツマイモとヨーグルトで整腸効果が。
ローストアーモンドでまったりした独特の口当たりに。

【 材料 】1人分

サツマイモ ——————— 50g
プレーンヨーグルト — 100g
ローストアーモンド — 3粒
ハチミツ ——————— 小さじ1

【 作り方 】

1/ サツマイモは2〜3cm角に切り、水（分量外）に5分ほどさらし、水気を切る。耐熱カップに入れてラップをかけ、電子レンジで1分10秒ほど加熱する。
2/ ミキサーにヨーグルト、サツマイモ、ローストアーモンド、ハチミツの順に入れ、撹拌する。
3/ 耐熱カップに入れてラップをかけ、電子レンジで20〜30秒ほど加熱する。

定番野菜＆果物のヨーグルト

Smoothie & Yogurt 25/26

冬の果物としておなじみのミカンとリンゴを使用。
甘みと酸味のバランスがとれた2つのレシピです。

25　さっぱりミカンのヨーグルト　　26　セロリ風味のリンゴヨーグルト

25 さっぱりミカンのヨーグルト

【 材料 】1人分

ミカン —— 1個　　プレーンヨーグルト
ニンジン — 1/6本　　—— 100g
　　　　　　　　　ハチミツ — 小さじ1

【 作り方 】

1/　ミカンは外側の皮をむき、小房に分ける。ニンジンは2〜3cm角に切る。

2/　ミキサーにヨーグルト、ミカン、ニンジン、ハチミツの順に入れ、撹拌する。

3/　耐熱カップに入れてラップをかけ、電子レンジで40秒〜1分ほど加熱する。

26 セロリ風味のリンゴヨーグルト

【 材料 】1人分

リンゴ —— 1/4個　　プレーンヨーグルト
セロリ — 1/4本　　—— 100g
　　　　　　　　　ハチミツ — 小さじ1/2

【 作り方 】

1/　リンゴは芯と種を取り、2〜3cm角に切る。セロリも2〜3cm角に切る。

2/　ミキサーにヨーグルト、リンゴ、セロリ、ハチミツの順に入れ、撹拌する。

3/　耐熱カップに入れてラップをかけ、電子レンジで40秒〜1分ほど加熱する。

Part 4
ホットドリンク

時間がない朝、市販のお茶やジュースなどを使って手軽に作れるドリンクです。ストレートドリンクに食材を1つ2つ足すだけでまったく別の味わいに。また保温性の高い容器に入れて持ち運びもできます。

Drink 01 スパイシーミルクティー

アールグレイやアッサムなどの紅茶をベースに、ショウガとシナモンの風味を効かせた1杯です。

【 材料 】1人分

A
- 熱湯 ———— 1/2 カップ
- 紅茶の茶葉 ———— 小さじ2
- ショウガパウダー ———— 少々
- シナモンパウダー ———— 少々

B
- 牛乳 ———— 1/2 カップ
- 砂糖 ———— 小さじ1

シナモンパウダー ———— 少々

【 作り方 】

1/ 耐熱カップにAを入れ、ラップなどのふたをかけて3分ほど置く。

2/ Bを加えて混ぜ、ラップをかけて電子レンジで30～40秒ほど加熱する。茶漉しでこす。

3/ お好みでシナモンパウダーをふる。

Part 4　ホットドリンク

Drink 02 ソイシナモンココア

ココアとシナモンの風味が豊かで飲みやすい1杯。
植物性タンパク質を手軽にとれる豆乳を合わせます。

【 材料 】1人分

A　ピュアココア — 小さじ2
　　砂糖 ———— 小さじ2
　　シナモンパウダー
　　———————— 少々
無調整豆乳 —1カップ

【 作り方 】

1/　耐熱カップにAと少量の豆乳（大さじ1程度）を入れ、スプーンで練り混ぜる。

2/　残りの豆乳を加えて混ぜ、ラップをかけて電子レンジで1分〜1分20秒ほど加熱する。

095

Drink 03 アーモンドソイチャイ

カルダモン、シナモン、アーモンドの風味が豊か。
紅茶はアールグレイかアッサムがおすすめ。

【 材料 】1人分

A 熱湯 —— 1/2カップ
　紅茶の茶葉 —— 小さじ2
　カルダモンパウダー
　　　　　　—— 少々
　シナモンパウダー
　　　　　　—— 少々

B 砂糖 —————小さじ1
　アーモンドパウダー
　　　　　——小さじ1

無調整豆乳 - 1/2カップ

【 作り方 】

1/ 耐熱カップにAを入れ、ラップなどのふたをかけて3分ほど置く。

2/ Bを加えて混ぜ、さらに豆乳を加えて混ぜる。ラップをかけ、電子レンジで30〜40秒ほど加熱する。茶漉しでこす。

Part 4　ホットドリンク

ショウガ酢ミルク

ショウガとハチミツで体がポカポカに。
少量の酢が、味のアクセントになった1杯です。

【 材料 】1人分

牛乳 ──────── 1カップ
酢 ─────── 小さじ1
ハチミツ ────── 大さじ1/2
ショウガパウダー ─ 少々

【 作り方 】

1/ 耐熱カップにすべての材料を入れて、混ぜる。

2/ ラップをかけて電子レンジで1分〜1分20秒ほど加熱する。

❗ スプーンでよくかき混ぜてからいただきます。甘さは個人の好みでハチミツ量の調整を。

097

05 抹茶豆乳ラテ

Part 4 ホットドリンク

06 キャロット豆乳

07　黒ゴマたっぷり豆乳

Part 4　ホットドリンク

08　甘酒の豆乳仕立て

Drink 05 抹茶豆乳ラテ

ほろ苦い抹茶の風味で朝から癒やしのひとときを。
抗酸化作用のあるカテキンを含む抹茶と豆乳を合わせた1杯。

【 材料 】1人分

A | 抹茶パウダー - 小さじ 1/4
　　| 砂糖 ——— 小さじ 2
無調整豆乳 —— 1 カップ

【 作り方 】

1 / 耐熱カップに **A** と少量の豆乳（小さじ1程度）を入れ、スプーンで練り混ぜる。

2 / 残りの豆乳を加えて混ぜ、ラップをかけて電子レンジで1分～1分20秒ほど加熱する。

❗ 抹茶パウダーは茶漉しでふるうと、ダマになりにくくなります。

Drink 06 キャロット豆乳

β-カロテンが豊富なキャロットジュースに
豆乳の風味を合わせた、健康ドリンクです。

【 材料 】1人分

キャロットジュース
　　——— 1/2 カップ
無調整豆乳 —— 1/2 カップ

【 作り方 】

1 / 耐熱カップにすべての材料を入れ、混ぜる。

2 / ラップをかけて電子レンジで1分～1分20秒ほど加熱する。

❗ 「濃縮還元」のキャロットジュースは、ジュースの水分を除いて、水で濃度を調整したもの。「ストレート」はそのままの状態。どちらを使用しても作り方は同じです。

Part 4 ホットドリンク

Drink 07 黒ゴマたっぷり豆乳

小さな粒で絶大な栄養価を誇るゴマと大豆の共演。
それぞれの風味をハチミツがまとめます。

【 材料 】1人分

A｜黒練りゴマ — 小さじ2
　｜ハチミツ —— 小さじ1
無調整豆乳 —— 1カップ

【 作り方 】

1/ 耐熱カップにAと少量の豆乳（小さじ2程度）を入れ、スプーンで練り混ぜる。

2/ 残りの豆乳を加えて混ぜ、ラップをかけて電子レンジで1分〜1分20秒ほど加熱する。

Drink 08 甘酒の豆乳仕立て

甘酒のやさしい甘みをそのまま味わえ、
豆乳でさっぱりクリーミーな口当たりです。

【 材料 】1人分

甘酒 ——— 1/2カップ
無調整豆乳 — 1/2カップ

【 作り方 】

1/ 耐熱カップにすべての材料を入れ、混ぜる。

2/ ラップをかけて電子レンジで1分〜1分20秒ほど加熱する。

❗ 甘酒はアルコールが含まれていないものを選びましょう。

09　甘酒ベースの青汁

10　ショウガレモン甘酒

Part 4　ホットドリンク

Drink 09

甘酒ベースの青汁

2大ヘルシードリンクが合わさった、まさに自然のサプリ。
ほろ苦い青汁も甘酒の甘みで和らぎ、飲みやすい1杯に。

【 材料 】1人分
甘酒 ──────1カップ
青汁パウダー ──小さじ1

【 作り方 】
1／ 耐熱カップにすべての材料を入れ、混ぜる。
2／ ラップをかけて、電子レンジで1分30秒ほど加熱する。

❗ 甘酒はアルコールが含まれていないものを選びましょう。

Drink 10

ショウガレモン甘酒

甘酒にショウガを加えれば、体はさらにぽっかぽかに。
レモンの風味で飲み口さわやかな1杯になります。

【 材料 】1人分
甘酒 ──────1カップ
レモン果汁 ──小さじ2
ショウガパウダー─少々

【 作り方 】
1／ 耐熱カップにすべての材料を入れ、混ぜる。
2／ ラップをかけて、電子レンジで1分30秒ほど加熱する。

❗ 甘酒はアルコールが含まれていないものを選びましょう。

Drink 11 体ぽかぽかユズ葛湯

香り高く、さわやかな味のユズを加えたドリンク。
保温性の高い葛湯にしていただきます。

【 材料 】1人分

A | 水 ——————— 1カップ
　| くず粉 ——————— 10 g
　| ハチミツ ——————— 小さじ2
　| ショウガパウダー
　|　——————— 少々
ユズ果汁 ——————— 小さじ2

【 作り方 】

1/ 小鍋にAを入れて、よく混ぜる。

2/ 弱めの中火で熱し、ヘラでかき混ぜながらあたためる。とろみがついたら、ユズ果汁を加え、ひと混ぜする。

とろみが出ると、透明度が高くなります。

Drink 12

Part 4 ホットドリンク

リンゴのジンジャー葛湯

古くから風邪のときに重宝されてきたリンゴとショウガ。
体調が悪いときでも飲みやすく、体があたたまる1杯です。

【 材料 】1人分

リンゴジュース
　——— 1カップ
くず粉 ——— 10g
ショウガパウダー
　——— 少々

【 作り方 】

1 / 小鍋にすべての材料を入れ、よく混ぜる。
2 / 弱めの中火で熱し、ヘラでかき混ぜながらあたためる。とろみがついたら、火を止める。
3 / 器に注ぎ入れ、お好みでショウガパウダーをふる。

Drink 13 甘酒ベースの梅葛湯

伝統食の甘酒、梅、葛で作る満腹感の高い1杯。
梅の酸味で気持ちよい1日のスタートに。

【 材料 】1人分

水 ———— 3/4 カップ
甘酒 ———— 1/4 カップ
くず粉 ———— 10 g
練り梅 ———— 小さじ 1/3

【 作り方 】

1/ 小鍋にすべての材料を入れ、よく混ぜる。
2/ 弱めの中火で熱し、ヘラでかき混ぜながらあたためる。とろみがついたら、火を止める。

Drink 14

ホットジンジャーキャロット

ニンジンの口当たりのよい甘みに
レモンの酸味、ショウガの辛みがアクセント。

【 材料 】1人分

キャロットジュース
　——— 1カップ
レモン果汁 —— 小さじ1
ショウガパウダー
　——— 少々

【 作り方 】

1/　耐熱カップにすべての材料を入れて、混ぜる。

2/　ラップをかけて電子レンジで1分30秒ほど加熱する。

❗ レモンやショウガの分量はお好みで増やしてもOK。

Part 4　ホットドリンク

Drink 15 柑橘果物のホットドリンク

冬の代名詞・ミカンをしぼってフレッシュなドリンクに。
レモンの酸味も効き、じんわり体にしみわたります。

【 材料 】1人分

ミカン ——— 2個
水 ——— 1/4カップ
レモン果汁 —— 小さじ1

【 作り方 】

1 / ミカンは半分に切り、スクイーザーでしぼる。
2 / 耐熱カップに1と水を入れ、混ぜる。
3 / ラップをかけ、電子レンジ40秒〜1分ほど加熱する。レモン果汁を加え、混ぜる。

Drink
16

Part 4 ホットドリンク

ハニーグレープフルーツ

しぼりたてフレッシュなグレープフルーツは
さわやかな酸味で、目覚めがすっきりします。

【 材料 】1人分

グレープフルーツ ── 1個
ハチミツ ──────── 小さじ2

【 作り方 】

1/ グレープフルーツは半分に切り、スクイーザーでしぼる。
2/ 耐熱カップに1とハチミツを入れ、混ぜる。
3/ ラップをかけ、電子レンジで40秒〜1分ほど加熱する。

Drink 17 ジンジャーオレンジ

さわやかに香るオレンジとショウガをホットで。
オレンジ特有の苦みはハチミツで和らげます。

【 材料 】1人分

オレンジ —— 1個
A | 水 —— 1/4カップ
　| ショウガパウダー
　| —— 少々
　| ハチミツ - 小さじ1/2

【 作り方 】

1 / オレンジは半分に切り、スクイーザーでしぼる。
2 / 耐熱カップに1とAを入れ、混ぜる。
3 / ラップをかけ、電子レンジで40秒〜1分ほど加熱する。

巻末
企画

常温スムージー

スムージーは冷たい状態のものを飲むことが多いですが、寒い日は体が冷えてしまうこともあります。とはいえ加熱すると食材によっては変色や栄養の損失があります。そんなときは、食材を常温に戻してから作りましょう。

キャベツ + リンゴ

Smoothie 01

食物繊維豊富なキャベツとリンゴのコラボ。
青臭さなく、飲み口はあっさり、すっきりです。

【 材料 】1人分

リンゴ ——— 1/4 個
キャベツ ——— 1 枚
水 ——— 1/2 カップ
レモン果汁 ——— 小さじ 1
ハチミツ ——— 小さじ 1

【 作り方 】

1/ リンゴは芯と種を取り、2〜3 cm角に切る。キャベツは2〜3 cm四方に切る。

2/ ミキサーに水、レモン果汁、リンゴ、キャベツ、ハチミツの順に入れ、撹拌する。

Smoothie 02/03

[巻末企画] 常温スムージー

青菜＋果物の王道スムージー

スムージーの王道食材で作る飲みごたえのある1杯。
バナナは甘みと舌触り、パインは甘みと酸味を加えます。

02 小松菜＋バナナ＋豆乳　　03 サラダホウレンソウ＋パイナップル

02 小松菜＋バナナ＋豆乳

【 材料 】1人分

バナナ —— 1本　　無調整豆乳
小松菜 —— 1/6束　　—— 1/2カップ
　　　　　　　　　ハチミツ — 小さじ1

【 作り方 】

1/　バナナは皮をむき、2〜3cm幅に切る。小松菜は2〜3cmの長さに切る。
2/　ミキサーに豆乳、バナナ、小松菜、ハチミツの順に入れて、撹拌する。

03 サラダホウレンソウ＋パイナップル

【 材料 】1人分

パイナップル　　牛乳 —— 1/4カップ
　—— 100g　　ハチミツ — 小さじ1
サラダホウレンソウ
　—— 1/2束

【 作り方 】

1/　パイナップルは皮と芯を取り、2〜3cm角に切る。サラダホウレンソウは2〜3cmの長さに切る。
2/　ミキサーに牛乳、パイナップル、サラダホウレンソウ、ハチミツの順に入れ、撹拌する。

チンゲンサイ＋リンゴ＋青ジソ

Smoothie 04

豊富なβ-カロテンを有するチンゲンサイと青ジソをリンゴで飲みやすくしたグリーンスムージー。

【 材料 】1人分

リンゴ ——— 1/4 個
チンゲンサイ - 1/2 株
青ジソ ——— 2 枚
水 —————— 1/2 カップ
レモン果汁 — 小さじ 1
ハチミツ ——— 大さじ 1/2

【 作り方 】

1/ リンゴは芯と種を取り、2〜3cm角に切る。チンゲンサイは2〜3cmの長さに切る。青ジソは半分にちぎる。

2/ ミキサーに水、レモン果汁、リンゴ、チンゲンサイ、青ジソ、ハチミツの順に入れ、撹拌する。

❗ 葉物はミキサーに最後に入れると、しっかり撹拌できます（P.9参照）。

Smoothie 05

——［巻末企画］常温スムージー

オレンジ＋ミニトマト＋赤パプリカ

トマト、パプリカの赤い色素・カロテノイドは
抗酸化作用があり、エイジングケアにも役立ちます。

【 材料 】1人分

オレンジ ——— 1個
ミニトマト ——— 5個
赤パプリカ ——— 1/4個
水 ——————— 1/4カップ
ハチミツ ——— 小さじ1

【 作り方 】

1/　オレンジは外側の皮をむいて薄皮のまま種を除き、2〜3cm角に切る。ミニトマトはへたを取る。パプリカはへたと種を取り、2〜3cm角に切る。

2/　ミキサーに水、オレンジ、ミニトマト、パプリカ、ハチミツの順に入れて、撹拌する。

117

パイナップル＋マンゴー＋黄パプリカ

トロピカルフルーツにパプリカを合わせた、
芳醇な味わいのイエロースムージー。

【 材料 】1人分

パイナップル - 50 g
マンゴー ―――― 1/2 個
黄パプリカ ―― 1/4 個
水 ―――――― 1/4 カップ
ハチミツ ―― 小さじ 1

【 作り方 】

1/ パイナップルは皮と芯を取り、2〜3cm角に切る。マンゴーは皮と種を取り、2〜3cm角に切る。パプリカはへたと種を取り、2〜3cm角に切る。

2/ ミキサーに水、パイナップル、マンゴー、パプリカ、ハチミツの順に入れ、撹拌する。

Smoothie 07

――― [巻末企画] 常温スムージー

ルビーグレープフルーツ＋ニンジン＋牛乳

ピンク色のルビーグレープフルーツとニンジンは見た目鮮やかで、美肌効果の高い組み合わせ。

【 材料 】1人分

ルビーグレープフルーツ
　――――― 1/2 個
ニンジン ―― 1/4 本
牛乳 ――― 1/4 カップ
ハチミツ ―― 大さじ 1/2

【 作り方 】

1/　ルビーグレープフルーツは外側の皮をむいて薄皮のまま種を除き、2〜3cm角に切る。ニンジンは2〜3cm角に切る。

2/　ミキサーに牛乳、ルビーグレープフルーツ、ニンジン、ハチミツの順に入れ、撹拌する。

定番食材のトリプルコラボ

複数の果物や野菜を組み合わせることで、
栄養価はもちろん、奥深く芳醇な味わいになります。

08 グレープフルーツ＋パイナップル＋アボカド

09 トマト＋イチゴ＋バナナ

08 グレープフルーツ＋パイナップル＋アボカド

【 材料 】1人分

グレープフルーツ ——— 1/2 個
パイナップル — 50g
アボカド — 1/4 個
水 ——— 1/2 カップ
ハチミツ — 大さじ 1/2

【 作り方 】

1 / グレープフルーツは外側の皮をむいて薄皮のまま種を除き、パイナップルは皮と芯を取り、アボカドは皮と種を取り、それぞれ 2 〜 3 cm 角に切る。

2 / ミキサーに水、グレープフルーツ、パイナップル、アボカド、ハチミツの順に入れ、撹拌する。

09 トマト＋イチゴ＋バナナ

【 材料 】1人分

トマト —— 1/2 個
イチゴ —— 5 個
バナナ —— 1/2 本
水 ——— 1/2 カップ
レモン果汁 ——— 小さじ 1/2
ハチミツ — 小さじ 1/2

【 作り方 】

1 / トマトはへたを取り、2 〜 3 cm 角に切る。いちごはへたを取り、半分に切る。バナナは皮をむき、2 〜 3 cm 幅に切る。

2 / ミキサーに水、レモン果汁、トマト、イチゴ、バナナ、ハチミツの順に入れ、撹拌する。

[巻末企画] 常温スムージー

ゴールドキウイ＋マンゴー＋セロリ

キウイとセロリは食物繊維、マンゴーはβ-カロテンが豊富。
果物の甘みがほどよい、さっぱりとした味わいです。

【 材料 】1人分

ゴールドキウイ —— 1個
マンゴー —— 1/2個
セロリ —— 1/4本
水 —— 1/4カップ
ハチミツ —— 小さじ1

【 作り方 】

1 / キウイは皮をむき、マンゴーは皮と種を取り、それぞれ2〜3cm角に切る。セロリも2〜3cm角に切る。

2 / ミキサーに水、キウイ、マンゴー、セロリ、ハチミツの順に入れ、撹拌する。

ミニ食材事典

レシピに使われている食材の栄養素と
健康面の効能を紹介。
※食材の種類によって多少の差異があります。

あ

▶ アーモンド（ロースト、パウダー）

オレイン酸やリノール酸などを豊富に含み、血中のコレステロール値を下げ、動脈硬化の予防などの効果が期待される。ビタミンEの含有量もナッツ類の中では多い。

↪ 90, 96

▶ アオサノリ（乾燥）

β-カロテンや葉酸、ビタミンB₂などのビタミンや、カルシウム、カリウム、鉄分、マグネシウムなどのミネラルがバランスよく含まれている。

↪ 24, 27

▶ 青ジソ

β-カロテンの含有量は小松菜よりも多く、ビタミンK・C、カルシウムやカリウムなども多く含む。香り成分のペリルアルデヒドが抗菌などに働くといわれる。

↪ 116

▶ 青汁パウダー

商品によって含まれる栄養素はそれぞれだが、ビタミン、ミネラル、食物繊維、ポリフェノールなどを含むものが多い。手軽に栄養素をプラスできる食材。

↪ 13, 76, 104

▶ アサリ（水煮）

鉄分を豊富に含み、鉄欠乏性の貧血の予防に効果的。不足しがちなカルシウム、抗酸化作用のあるビタミンE、造血に関わるビタミンB₁₂などが豊富に含まれる。

↪ 37

▶ アボカド

腸内環境を改善する働きのある食物繊維や、抗酸化作用のあるビタミンEが多く含まれているのが特徴。その他、オレイン酸などの脂質も含まれている。

↪ 53, 77, 120

▶ イチゴ

抗酸化作用があり、エイジングケアや美肌に効果的なビタミンCが豊富。また、妊娠中に必須の栄養素とされる葉酸も多く含まれている。

↪ 87, 120

▶ 梅干し（練り梅）

糖質をエネルギーに変えるのを助けるクエン酸が豊富で、体の疲労回復の効果もある。商品によって栄養素の違いがあるが、練り梅にもクエン酸が含まれている。

↪ 108

▶ 枝豆

枝豆は大豆が熟す前の未熟果のこと。カリウムや鉄分などのミネラル、β-カロテンやビタミンB₁などのビタミン、タンパク質、脂質をバランスよく含んでいる。

↪ 54

▶ エノキダケ

ビタミンB₁・B₂、ナイアシンなどのビタミンB群をバランスよく含む。糖質、脂質、タンパク質の代謝アップに働き、食物繊維は腸内を改善する働きがある。

↪ 14, 17, 22

▶ エリンギ

低カロリーで食物繊維が多く、腸内環境を改善する効果がある。他にもビタミンB₁・B₂、ナイアシン、葉酸などのビタミンB群が豊富に含まれているのも特徴。

↪ 59, 64

おからパウダー

豆腐を作る際に大量に出るおからを粉末にして乾燥させたもの。食物繊維が多く整腸作用がある。また、良質なタンパク質、カリウム、カルシウム、鉄分も含む。

⊃ 14, 85, 86, 87

オレンジ

抗酸化作用があり、コラーゲンの合成に欠かせないビタミンCを多く含んでいるのが特徴。また、体の余分なナトリウムの排出を促すカリウムも多く含まれている。

⊃ 66, 78, 112, 117

か

カイワレダイコン

ビタミンC・Kをはじめ、β-カロテン、ビタミンE、葉酸といったビタミンが豊富で、ミネラルも複数種の栄養素を含み、健康管理や美容などに貢献する。

⊃ 27

カブ

生のカブの根茎には消化を助けるジアスターゼが豊富で、胃腸の働きを活発にさせる効果が期待できる。また、葉にはビタミンCやβ-カロテン、ミネラルが豊富に含まれる。

⊃ 18, 58

カボチャ

β-カロテンやビタミンC・Eが豊富で、高い抗酸化作用を期待できるほか、エイジングケアに効果的。また、食物繊維も豊富に含まれ、便秘改善に役立つ。

⊃ 12, 21, 49, 70, 89

カリフラワー

ビタミンCを多く含み、コラーゲンの生成を助ける効果のほか、ストレスに対する抵抗力や風邪の予防にも有効。高血圧予防に効果的なカリウムも豊富。

⊃ 60

キウイフルーツ（グリーンキウイ）

ビタミンCの含有量はイチゴを上回るほど豊富。その他、整腸作用のある食物繊維や、余分なナトリウムの排出を促すカリウムも多く含まれている。

⊃ 77, 90

キャベツ

胃の粘膜を再生・強化し、胃炎や胃潰瘍などの予防に役立つ、ビタミンU（別名キャベジン）を含むのが特徴。また、ビタミンC・Kの含有量も多い。

⊃ 40, 44, 114

クルミ

70%が脂質だが、リノール酸やα-リノレン酸などの良質の不飽和脂肪酸が血中のコレステロール値を低下させる働きがあることから、動脈硬化予防が期待されている。

⊃ 89

グレープフルーツ

ビタミンCを豊富に含み、実が大きいため、1個で1日のビタミンC摂取量をほぼ満たす。ビタミンCは抗酸化作用があり、コラーゲンの合成に欠かせない栄養素。

⊃ ホワイト 69, 111, 120
　ルビー　 67, 85, 119

ゴールドキウイ

グリーンキウイに比べてビタミンCが豊富で、その含有量は果物の中でもトップクラス。その他、便秘改善に効果のある食物繊維も多く含まれている。

⊃ 88, 121

ココナッツミルク

白い果肉を粉にし、水を加えてしぼったものがココナッツミルクで、甘いわりにはエネルギーが低い。また、高血圧予防に効果的なカリウムも多く含まれている。

⊃ 70

ゴボウ

食物繊維が多く、水溶性の食物繊維＝イヌリンには血糖値の上昇を穏やかにしたり、コレステロールを吸着して体外に排出したりさせる効果を期待できる。

⤴ 58, 62

ゴマ

食物繊維やビタミン、ミネラル、リノール酸やオレイン酸などの不飽和脂肪酸を多く含む。また、高い抗酸化力のあるセサミンが豊富に含まれているのも特徴。

⤴ 黒　22, 100
　　白　26, 29, 41, 78

小松菜

カルシウムと鉄分の含有量が多く、野菜の中でもトップクラスで、鉄欠乏症の貧血予防に効果的とされる。β-カロテンやビタミンCも豊富に含まれている。

⤴ 115

コーン（クリームコーン缶）

クリームコーンとは加熱したトウモロコシをクリーム状にしたもの。エネルギー源となる糖質を多く含む。腸内環境を改善する食物繊維も多く、便秘改善に役立つ。

⤴ 18, 20, 24, 63, 64

さ

サツマイモ

ビタミンやミネラルをバランスよく含む。ビタミンCはデンプンに守られているので加熱しても壊れにくいのが特徴。整腸作用のある食物繊維も多い。

⤴ 54, 57, 70, 90

シイタケ

紫外線を当てるとビタミンDに変化するエルゴステロールという成分を豊富に含む。整腸作用のある食物繊維や、美肌に役立つビタミンB2も多い。

⤴ 50, 62

ジャガイモ

豊富に含まれるビタミンCは、デンプンに守られているので加熱しても壊れにくい。また、余分なナトリウムの排出を促すカリウムや、食物繊維も豊富。

⤴ 37, 48, 56, 60

ショウガ（パウダー）

生のショウガは辛み成分であるジンゲロールが多く、加熱するとショウガオールに変わり、血流を促進させたり、体をあたためたりする効果がある。

⤴ 17, 21, 28, 30, 31, 38, 41, 44, 51, 66, 69, 72, 94, 97, 104, 106, 107, 109, 112

シラス干し

タンパク質やビタミンD、カルシウム、マグネシウムが豊富。カルシウムは骨粗しょう症の予防に効果的とされ、ビタミンDはカルシウムの吸収を助ける働きがある。

⤴ 27, 31

セロリ

香り成分には、気持ちを落ち着かせる効果があるといわれている。腸内環境を整える食物繊維や、カリウムも多く、葉にはβ-カロテンが豊富に含まれている。

⤴ 36, 37, 40, 69, 73, 92, 121

た

ダイコン

生のダイコンの根の部分に、ジアスターゼなどの消化酵素が豊富に含まれている。整腸作用のある食物繊維、高血圧予防に効果のあるカリウムも多い。

⤴ 38

大豆（水煮）

タンパク質には必須アミノ酸のすべてがバランスよく含まれている。ビタミンやミネラルも豊富。女性ホルモンのエストロゲンと似た構造のイソフラボンも含む。

⤴ 36, 40

タマネギ

独特の香り成分である硫化アリルには、ビタミンB₁の体内吸収を高める作用があり、糖質の代謝を高めるのに働くとされる。血栓予防にも効果的とされる。

◎ 36, 38, 39, 43, 52, 53, 54, 59, 63, 64

チンゲンサイ

抗酸化作用のあるβ-カロテンを豊富に含むため、細胞の老化やがん予防に有効とされる。カルシウムやカリウムなどのミネラルもバランスよく含んでいる。

◎ 45, 116

ツナ（水煮）

缶詰にはビンナガマグロやキハダマグロが多く使用される。タンパク質が多く、DHAやEPAも含む。また水煮は油漬けのものよりカロリーが低い。

◎ 14

豆腐（絹ごし）

良質なタンパク質やカルシウム、マグネシウムの含有量が多い。消化がよいため、大豆そのままよりも栄養分を効率よく吸収できる。抗酸化作用のあるイソフラボンも含む。

◎ 29

豆苗

ビタミンB₁・B₂・B₆、葉酸などのビタミンB群がバランスよく含まれており、糖質、脂質、タンパク質の代謝を高めるのに役立つ。β-カロテンやビタミンKも多い。

◎ 30

トマト・ミニトマト

抗酸化ビタミンといわれるβ-カロテン、ビタミンCが豊富に含まれている。赤い色素のリコピンは、ガンや生活習慣病の予防効果があるとされている。

◎ 14, 20, 36, 39, 42, 52, 72, 74, 79, 117, 120

鶏ひき肉

筋肉や臓器など、体を構成するうえで欠かせないタンパク質を多く含む。また、他の肉類に比べて脂質が少ないので、消化吸収率が高いのも特徴。

◎ 38

な

長ネギ

独特の香り成分である硫化アリルは、ビタミンB₁の体内吸収を高める作用がある。白い部分にはビタミンCが多く、青い部分にはβ-カロテンが多い。

◎ 26, 41

納豆（ひきわり）

蒸した大豆に納豆菌を加えて発酵させた納豆。発酵により大豆の良質なタンパク質は消化されやすいものに変化。ビタミンKやB群、ミネラル、食物繊維をバランスよく含む。

◎ 28

ナメコ

ビタミンB₂、ナイアシン、パントテン酸、ビオチンといったビタミンB群がバランスよく含まれているのが特徴。また、腸内環境を改善する食物繊維も多い。

◎ 24, 28

ニラ

ネギ類に共通する臭い成分の硫化アリルを含む。体の疲労回復に役立つビタミンB₁の吸収を促進し、糖質がエネルギーになるのを助ける。

◎ 23

ニンジン

β-カロテンの含有量が野菜の中でも飛び抜けて多い。β-カロテンは体内で必要な分だけビタミンAに変換され、のどや鼻などの粘膜を正常に保ち、免疫力を高めるとされている。

◎ 16, 38, 40, 57, 60, 63, 64, 66, 75, 92, 99, 109, 119

は

▶ パイナップル

タンパク質分解酵素であるブロメラインを含むのが特徴。その他、腸内環境を改善する食物繊維や、抗酸化作用のあるビタミンCも豊富に含んでいる。

↪ 73, 84, 115, 118, 120

▶ 白菜

体内の塩分バランスを整え、余分なナトリウムの排出を促すカリウムを豊富に含んでいる。高血圧予防にも効果的。また、食物繊維やカルシウムも含まれている。

↪ 30, 41

▶ バナナ

エネルギーのもとである炭水化物の含有量が、イモ類なみに多いのが特徴。すみやかにエネルギーに変換されるため、体が疲れているときに最適。カリウムも多い。

↪ 68, 115, 120

▶ パプリカ

赤色、黄色ともにβ-カロテンやビタミンC・Eなどのエイジングケアにうれしい抗酸化ビタミンが豊富。特にビタミンCの含有量は野菜の中でトップクラス。

↪ 赤 49, 117
  黄 88, 118

▶ 豚ひき肉

糖質がエネルギーに変わるのを助ける働きがあり、疲労回復に効果のあるビタミンB_1が豊富。皮膚、髪、爪などの細胞の再生に関わるビタミンB_2も多い。

↪ 39, 41

▶ ブルーベリー

青紫の色素はアントシアニンという成分で、目の疲労を改善する働きがあるとされる。また、食物繊維も豊富に含むため便秘の改善効果も期待できる。

↪ 83

▶ ブロッコリー

抗ガン作用を持つといわれているスルフォラファンという成分を含んでいる。β-カロテン、ビタミンC・Eなどの抗酸化作用を持つビタミン類が多く含まれる。

↪ 48

▶ ベーコン

脂質とタンパク質が主成分。脂溶性ビタミンのビタミンD・E・K、β-カロテンを含む野菜と一緒に摂取すると、吸収率も高まる。疲労回復に効果のあるビタミンB_1も多い。

↪ 36

▶ ホウレンソウ・サラダホウレンソウ

鉄分や葉酸、β-カロテン、ビタミンCを豊富に含み、貧血予防に効果的とされる。生で食べる場合は、アクの少ないサラダホウレンソウが適している。

↪ 56, 115

▶ ホタテ（水煮）

体の余分なナトリウムの排出を促すカリウムや、酵素の構成成分となる亜鉛が豊富に含まれているのが特徴。貝類の中ではタンパク質が多く含まれる。

↪ 42

ま

▶ マイタケ

免疫力を高めるとされるβ-グルカンが豊富。腸内環境を改善する効果がある食物繊維や、カルシウムの吸収をよくするビタミンDも多く含まれている。

↪ 50

▶ マッシュルーム

ビタミンB_2、ナイアシン、ビオチンなどのビタミンB群をバランスよく含む。腸内環境を改善する効果のある食物繊維や、高血圧予防に役立つカリウムも豊富。

↪ 43

126

▶ マンゴー

熟して色が濃くなるにつれ、β-カロテンの含有量が増していくのが特徴。また、抗酸化作用のあるビタミンEも多く含まれ、エイジングケアに役立つ。

↪ 86, 118, 121

▶ ミカン

抗酸化作用があり、コラーゲンの合成に欠かせないビタミンCが豊富に含まれている。また、β-クリプトキサンチンによる発ガン抑制も期待されている。

↪ 74, 92, 110

▶ 水菜

β-カロテンやビタミンC、ビタミンB₂などのビタミン類を多く含んでいる。カルシウム、カリウム、鉄分などのミネラルも豊富。鉄欠乏性の貧血予防に効果的。

↪ 28

▶ ミックス豆・レッドキドニー・ヒヨコマメ（水煮）

豆の種類によって栄養素は異なるが、多くは、ビタミンやミネラルをバランスよく含む。腸内環境の改善に効果のある食物繊維も豊富。レッドキドニーは赤いんげん豆のこと。

↪ 39, 52, 59

▶ ミツバ

β-カロテンが多く、体内で必要な分だけビタミンAに変換され、のどや鼻などの粘膜を正常に保ち、風邪予防に効果的。高血圧予防に役立つカリウムも多い。

↪ 31, 62

▶ メカブ

ぬめり成分のフコイダンは免疫力を高める効果があるといわれる。便秘改善に効果のある食物繊維のほか、カルシウムやヨウ素などのミネラルも含む。

↪ 17

▶ モズク

食物繊維の一種であるフコイダンを含み、免疫力を高めることや抗ガン作用に期待されている。低カロリーで、食物繊維やβ-カロテンも含まれている。

↪ 29

や

▶ ユズ

さわやかな香りにリラックス効果があるとされる。抗酸化作用があり、コラーゲンの合成に欠かせないビタミンC、体の余分なナトリウムの排出を促すカリウムも多い。

↪ 106

ら・わ

▶ リンゴ

クエン酸を多く含み、糖質がエネルギーに変わるのを助ける作用がある。食物繊維のペクチンは、皮と実の間に多く含まれるため、皮ごと食べるのがおすすめ。

↪ 67, 72, 75, 92, 107, 114, 116

▶ レモン

抗酸化作用があり、コラーゲンの合成に欠かせないビタミンCが豊富で、美肌に効果的。酸っぱさのもとであるクエン酸は疲労回復効果がある。

↪ 53, 66, 74, 75, 104, 109, 110, 114, 116, 120

▶ レンコン

ビタミンCが多く、デンプンに守られているので、加熱しても壊れにくいのが特徴。余分なナトリウムの排出を促すカリウムも豊富に含まれている。

↪ 51

▶ ワカメ（乾燥）

腸内環境を整える食物繊維をはじめ、高血圧の予防に働くカリウムや、骨や歯を丈夫にするカルシウム、貧血予防に役立つ鉄分を多く含むのが特徴。

↪ 26

著者略歴

松尾みゆき

料理研究家・管理栄養士。
大手食品会社でカフェや総菜店などのメニュー
開発に携わり、2005年に独立。食全般のコー
ディネーターとして書籍や雑誌、テレビ、広告
などで活躍。著書『毎日飲みたい！おいしい野
菜＆フルーツで作る ナラダスムージー』（永岡
書店）、『スムージーおいしい法則』（NHK
出版）など多数。

STAFF

編集	若狭和明、松本裕の、
	柏倉友弥（以上スタジオポルト）
写真	奥村暢欣
デザイン	関根千晴（スタジオダンク）、
	大島歌織
スタイリング	坂上嘉代

時間がない朝、食欲がない朝は
スープ＆ドリンクを作りましょう

2019年11月22日　　初版発行

著　者	松尾みゆき
発行者	鈴木伸也
発　行	株式会社大泉書店
住　所	〒162-0805 東京都新宿区矢来町27
電　話	03-3260-4001(代)
ＦＡＸ	03-3260-4074
振　替	00140-7-1742
印　刷・製　本	株式会社光邦

©Oizumishoten 2019 Printed in Japan
URL http://www.oizumishoten.co.jp/
ISBN 978-4-278-03821-7　C0077

本書を無断で複写(コピー・スキャン・デジタル化等)することは、著作権法上認められた
場合を除き、禁じられています。小社は、複写に係わる権利の管理につき委託を受けてい
ますので、複写をされる場合は、必ず小社にご連絡ください。

落丁、乱丁本は小社にてお取替えいたします。
本書の内容についてのご質問は、ハガキまたはFAXにてお願いいたします。